Paulus – was ihn unterscheidet

Thomas Ruhl

Paulus – Fanatiker, Apokalyptiker, Netzwerker

Seine Bedeutung in seiner Befremdlichkeit

© 2002 Thomas Ruhl

Herstellung und Verlag:

BoD – Books on Demand, Norderstedt

ISBN 9783756256921

„Paulus ist zugleich wohl der am meisten missverstandene Autor des Neuen Testaments."
(Jörg Frey)

„Der Mensch ist das Tier, dem man die Lage erklä-
ren muss"
(Peter Sloterdijk)

„Wenn Sie glauben, Sie wüssten, was Sie in der Zukunft erwartet, dann irren Sie."
(Zygmunt Bauman)

„Die Rechtfertigung rechtfertigt, weshalb die anderen anders bleiben können."
(Krister Stendahl)

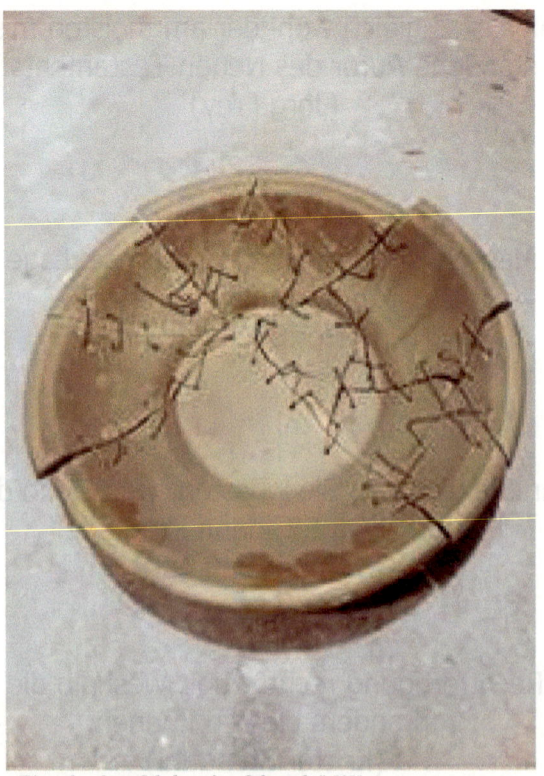

„Die zerbrochene Schale meiner Sehnsucht", 2001

Inhaltsverzeichnis

II

1. Hinführung und zentrale These

Von Paulus es gibt Fakten. Von keinem[1] antiken Autor neben Cicero wissen wir so viel wie von Paulus. Wir haben biografische Details, kennen seine Reise-Routen und können die sieben authentischen Briefe aus dem NT lesen.

Und - Paulus hat Bedeutung. Paulus wird gelesen, d.h. seine Briefe werden gelesen. Paulus hat in den vergangenen zweitausend Jahren eine unfassbare Rezeptionsgeschichte entfaltet. Er hat inspiriert. Oder sollte ich genauer sagen, seine Fremdheit[2] hat inspiriert. Ungebrochen. Bis zum heutigen Tag: „Radikal im Denken, extrem in der Hoffnung: Warum der Apostel Paulus aktueller ist denn je – und sich selbst die wichtigsten Philosophen der Gegenwart für ihn begeistern"[3].

Beidem möchte ich jetzt nachgehen. Paulus, wer war das? Und wodurch konnte es zu dieser enormen Bedeutung kommen? Warum diese andauernde Bedeutung? Und worin darf man die Bedeutung des Paulus für uns heute sehen? Warum sollte er für uns heute wichtig sein?

Und - es gibt auch ein ernstes Problem mit Paulus. Bei allem, was wir von ihm wissen, dürfen wir nicht verschweigen: Paulus - scheint ein „jüdischer Fundamentalist"[4] gewesen zu sein;

---

[1] W. R. Inge; ST. PAUL (1914): „Among all the great men of antiquity there is none, with the exception of Cicero, whom we may know so intimately as Saul of Tarsus."

[2] Otto Kuss; Die Rolle des Apostels Paulus in der theologischen Entwicklung der Urkirche. In: MthZ 14 (1963), S. 45: „Zur Fremdheit des Apostels Paulus gehört wesentlich, daß seine Probleme weitgehend nicht mehr die unseren sind."

[3] So Rolf Spinnler in: Die Zeit Nr. 52 vom 17. Dezember 2008, S. 54 – 55.

[4] Gerd Theißen; Die Religion der ersten Christen, S. 295. Ebenso: Maximilian Paynter; Das Evangelium bei Paulus als Kommunikationskonzeption, S. 218.

vielleicht sogar ein (fundamentalistischer) „Fanatiker"[5] in einem ganz modernen Sinn und Wortgebrauch. Auch damit müssen wir uns befassen. Sein „Fanatismus" hat Spuren hinterlassen. Der (christliche) Anti-Judaismus hat auch Wurzeln – oder mindestens - Anknüpfungspunkte bei Paulus selbst, die eine „missverständliche Lektüre"[6] begünstigen. Verantwortlich zu machen für den christlichen Antijudaismus[7] oder gar für den Antisemitismus des 20. Jahrhunderts ist er nicht. Heute bleibt es bei einer Warnung: „Eine unschuldige Lektüre des Paulus ist nicht mehr möglich."[8] Paulus war ein „Eiferer"[9], ein Radikaler[10]. Paulus zeigt in seinen Briefen eine „bestimmte Weise der Selbstbehauptung des Ichs"[11]. Das klingt in unseren Ohren doch recht harmlos. Paulus - das war kein harmloser Mensch[12].

---

[5] Jacob Taubes; Die Politische Theologie des Paulus, S. 38.

[6] Ton Verkamp; Die Welt anders. Poltische Geschichte der Großen Erzählung, S. 272.

[7] So Claudia Janssen: „Zu den Denkmustern des christlichen Antijudaismus gehört es, dass der Opferkult am Jerusalemer Tempel und dessen theologische Grundlegungen durch Jesu Botschaft und die Schriften des Paulus als überwunden und abgelöst dargestellt werden. Für Paulus und auch für die Evangelien lässt sich jedoch zeigen, dass sie an der Theologie und Praxis des Opferkultes festhielten – mit Kritik, wie sie auch schon Israels Prophetie übt, einer Kritik, die von einer grundlegenden Bejahung ausgeht." (Quelle: https://www.ev-akademie-boll.de/fileadmin/res/otg/doku/640611_Janssen.pdf).

[8] Ton Verkamp; Die Welt anders. Poltische Geschichte der Großen Erzählung, S. 272.

[9] Das ist die Selbstbeschreibung des Paulus in Gal 1, 14: „ζηλωτὴς".

[10] So Lukas Bormann; Autobiographische Fiktionalität bei Paulus. In: Eve-Marie Becker & Peter Pilhofer (Hrsg.); Biographie und Persönlichkeit des Paulus, S.124: „Die Christusimagination ermöglicht Paulus einen radikalen -Diskurs über die Autonomie des autobiographischen Ichs."

[11] Ebd.

[12] Gerd Theißen: Predigt über Apg 9,1-9 im Universitätsgottesdienst am 22. August 2010 in der Peterskirche Heidelberg. Quelle: https://www.theologie.uni-heidelberg.de/universitaetsgottesdienste/2208_ssf2010.html

Er war auch nicht nur ein überforderter Tüchtiger in der Krise[13]. Paulus war ein „Fanatiker"[14] und blieb fanatisch – „von gerechtem Zorn erfüllt"[15]. „Paulus ist … der Eiferer geblieben, nur die Gegner sind andere geworden."[16]. Woher rührte – zeitlebens – sein „Übereifer"[17] – also sein Zorn und seine Wut? Worin sah er sein Vorbild? „Vorbild des ‚Eifers' war Pinechas, der einen anderen Israeliten getötet hatte, nur weil er eine Frau aus einer anderen Religion geheiratet hatte. Die Frau hat er gleich dazu getötet. Wenn Paulus Anhänger des ‚Eifers' war, muss diese Geschichte von Pinechas einmal ein Lieblingsfilm in seiner inneren Welt gewesen sein."[18] Wir haben es hier mit dem religiösen Ideal des gewaltsamen Eifers aus der Makkabäerzeit zu tun. Sein demonstrativer Gesetzes-Stolz und Über-Eifer für das Gesetz waren „keineswegs typisch"[19] in seiner Zeit. Paulus spielte durch diese Haltung eine Außenseiterrolle[20]; und er blieb – zeitlebens - ein Außenseiter: „Sein neuer Eifer äußerte sich sine vi humana sed verbo."[21] Die Forschung hingegen entscheidet sich tendenziell oft zugunsten des bekehrten Paulus und betrachtet

---

[13] Vgl. Rolf Kaufmann; Die Krise des Tüchtigen - Paulus und wir im Verständnis der Tiefenpsychologie

[14] Jacob Taubes; Die Politische Theologie des Paulus, S. 38.

[15] David Nirenberg; Anti-Judaismus. Eine andere Geschichte des westlichen Denkens, S. 62.

[16] Klaus Berger; Paulus, S. 37.

[17] Paul-Gerhard Klumbies; Studien zur paulinischen Theologie, S. 10: „den typischen Übereifer des Konvertiten".

[18] Gerd Theißen: Predigt über Apg 9,1-9 im Universitätsgottesdienst am 22. August 2010 in der Peterskirche Heidelberg. Quelle: https://www.theologie.uni-heidelberg.de/universitaetsgottesdienste/2208_ssf2010.html

[19] Alexander J. M. Wedderburn; Eine neue Paulusperspektive? In: Eve-Marie Becker & Peter Pilhofer (Hrsg.); Biographie und Persönlichkeit des Paulus, S. 64. Und G. Theißen; Die Religion der ersten Christen, S. 295.

[20] Klaus Berger; Paulus, S. 37-43.

[21] Anna Maria Schwemmer; Verfolger und Verfolgte bei Paulus. In: Eve-Marie Becker & Peter Pilhofer (Hrsg.); Biographie und Persönlichkeit des Paulus,S. 170: CA 28,21; BSLK 124,9.

alles mit den Augen und aus der Perspektive des Bekehrten. Aber: „Nicht alles ist wunderbar bei Paulus, oft sprechen der Priester und der Pharisäer durch ihn."[22] Selbst die fragwürdige Metapher eines Vulkans[23] wird gebraucht, um Paulus zu charakterisieren. Die "Tollheiten"[24] des Paulus - das sollte uns stutzig machen und aufhorchen lassen. Paulus ist eine umstrittene[25] und zutiefst fragwürdige Persönlichkeit.

1.1. Leitende These vorab

Paulus lebt/performt „das Gegenmodell zum heutigen Zeitgeist"[26] zu allem, was (der damalige ebenso wie) der heutige Zeitgeist von uns will und einfordert. Paulus ist deshalb zunächst eine grundsätzliche Haltung zu den gesellschaftlichen Begebenheiten. Sie drückt sich entschieden und zugespitzt in der Überzeugung aus:

„Ein Sieg über das Siegen"[27];

ein Sieg, der das idiotische und kriegerische und zutiefst männliche Immerzu-siegen-Müssen[28] überwindet. Darin sehe ich die entscheidende Intuition des Paulus. Es ist seine alles bestimmende Frage. Seine ihn bestreffende untergründige (Psycho-) Dynamik. Das war sein Thema. Und damit ist er in seiner Zeit - und bis auf den heutigen Tag - nicht allein. Christa Wolf hat

---

[22] Pier Paolo Pasolini, „Da ‚ll caos' sul ‚Tempo", 112.

[23] Udo Schnelle; Paulus. Leben und Denken, S. 95 und 132.

[24] Vgl. Gerd Lüdemann; Paulus, der Gründer des Christentums. zu Klampen Verlag, Lüneburg 2001, S. 245 und 221.

[25] Vgl. Christof Landmesser; Umstrittener Paulus: Die gegenwärtige Diskussion um die paulinische Theologie in: Zeitschrift für Theologie und Kirche 105 (2008), No.4 , S. 387 - 410.

[26] Rolf Spinnler in: Die Zeit Nr. 52 vom 17. Dezember 2008, S. 54.

[27] Ebd.

[28] Sehr gut beschrieben wird diese Haltung in Bernhard von Mutius; Disruptive Thinking. Das Denken, das der Zukunft gewachsen ist. 2017, S. 25: „Du kannst spielerisch sein, freundlich sein, charmant sein und viel Spaß haben. Aber du musst gewinnen. Am besten triumphal."

es im Kontext von Troja ebenfalls als Problem beschrieben. Sie lässt Kassandra sagen:
"Ich sage ihnen: Wenn ihr aufhörn könnt zu siegen, wird diese eure Stadt bestehn.
Gestatte eine Frage, Seherin – (Wagenlenker.) - Frag. - Du glaubst nicht dran. - Woran. - Daß wir zu siegen aufhörn können. - Ich weiß von keinem Sieger, der es konnte. - So ist, wenn Sieg auf Sieg am Ende Untergang bedeutet, der Untergang in unsere Natur gelegt.
Die Frage aller Fragen. Was für ein kluger Mann. Komm näher, Wagenlenker. Hör zu. Ich glaube, dass wir unsere Natur nicht kennen. Daß ich nicht alles weiß. So mag es, in der Zukunft, Menschen geben, die ihren Sieg in Leben umzuwandeln wissen."[29]

Genau darin besteht für mich der innere Kern des sog. Damaskus-Ereignisses: Paulus hat die Kette des Siegen-müssens für sich unterbrochen. Wie er das und was er da erlebt hat und wie es andere, wie z.B. Lukas, beschreiben, bleibt demgegenüber sekundär. Entscheidend ist seine Intuition: der Sieg über das männliche Siegenmüssen. Deshalb hat Paulus eine solche unfassbar intensive Rezeptionsgeschichte durch die Jahrhunderte! Und rezipiert haben ihn (fast[30]) ausschließlich Männer: Augustinus, Martin Luther, Johannes Calvin, Blaise Pascal, John Wesley, S. Kierkegaard, Karl Barth, S. Freud, F. Nietzsche, Martin Heidegger, R. Bultmann, Erik Peterson, Jacob Taubes, Walter Benjamin, E. M. Cioran, John D. Caputo u.v.a.m.
Das ist meine zentrale These zu Paulus: Der Sieg über das (männliche) Siegen-müssen.

---

[29] Christa Wolf; Kassandra, S. 132.
[30] Es gibt auch Exegetinnen wie Luise Schottroff, Marlene Crüsemann, Claudia Jansen – nur im deutschsprachigen Raum.

Es geht 1. nicht um die Frage: War „Paulus, der Gründer des Christentums"[31]? Das war er nicht. Lüdemann führt die Ursprünge des Christentums auf eine einzige zentrale Person zurück, auf Paulus von Tarsus, womit er das sich ausdifferenzierende Christentum gerade nicht als langwierigen, religiös-kulturellen und sozialen Prozess begreift. Er entwirft eine einseitige "genieästhetische Historisierungslegende"[32] und blendet hierbei vor allem die Einflüsse von "machtpolitischen und soziokulturellen Transformationsprozessen"[33] aus. Die Einflüsse und der Kontext, in dem Paulus sich bewegt, sind komplett unterschätzt.

Und es geht 2. auch nicht um die Frage: War Paulus vielleicht „der erste Christ"[34]?

Beide Fragestellungen gehen an Paulus völlig vorbei und können ihn in seiner Bedeutung nicht fassen. Paulus ist auch nicht der „letzte Apostel"[35]. Paulus hat sich selbst als Apostel bezeichnet. Paulus ist weder der „Architekt des Christentums" noch ist „das Christentum eine paulinische Religion"[36]. Paulus ist nicht „der Erfinder der Christlichkeit"[37]. Paulus ist auch nicht der legitime Verwalter oder der einzig autorisierte Ausleger der Botschaft des Jesus. Paulus ist kein „scheitender Reformator"[38]gewesen. Er hat keine innerjüdische Sekte zu einer

---

[31] Vgl. Gerd Lüdemann; Paulus, der Gründer des Christentums, S. 244: „Er ist der wahre Gründer des Christentums."
[32] Ekkehard W. Stegemann in: Neue Zürcher Zeitung, 21.11.2001.
[33] Ebd.
[34] Friedrich Nietzsche; Morgenröte = Werke I, S. 1058.
[35] So Fik Meijer; Paulus: Der letzte Apostel. Biographie. 2015.
[36] So lautet die Zusammenfassung gegenwärtiger türkisch-islamischer Paulusdeutungen in: Tobias Specker; Paulus von Tarsus, Architekt des Christentums? Islamischen Deutungen und christliche Reaktionen, S. 121-122.
[37] Friedrich Nietzsche; Morgenröte = Werke I, S. 1058.
[38] Vgl. G. Theißen; Der Römerbrief, S. 58.

christlichen Kirche gemacht[39]. Paulus als „Mystiker"[40] zu bezeichnen, bleibt ebenfalls fragwürdig. Man sollte ihn auch nicht zum „ersten christliche Theologen" bzw. zum „Schutzheiligen des Denkens im Christentum"[41] hochstilisieren, „der an die Stelle des einfachen Evangeliums Jesu ein kompliziertes Dogma gesetzt habe"[42]. Das trifft alles nicht wirklich zu. Diese Sichtweisen und Perspektiven sind nicht zielführend. Ich entscheide mich für einen völlig anderen Bezugsrahmen.

Mein Bezugsrahmen sind die Macht- und Herrschaftsverhältnisse (in der Bibel), der politische Machtdiskurs[43] und nicht die Fiktion einer wunscherfüllenden Heldengeschichte von Paulus, dem Bekehrten bzw. die Konstruktion einer notwendigen und folgerichtigen Geschichte der Entstehung des frühen Christentums aus dem Judentum im ersten Jahrhundert. Paulus – das ist „Protestliteratur"[44]. Paulus – das ist „politische Theologie"[45]; das ist „eine politische Kampfansage an den Cäsaren"[46].

Ich halte zusammenfassend fest: Paulus – das ist der Sieg über das (männliche) Siegen-müssen.

---

[39] Vgl. W. Wrede; Paulus, S. 102.

[40] Von A. Schweitzer bis Eugen Biser, Richard Rohr und Sabine Bieberstein.

[41] So Albert Schweitzer; Die Mystik des Paulus, S. 366.

[42] Gegen diese These der liberalen Theologie schrieb Albert Schweitzer 1911 sein Buch: „Geschichte der Paulinischen Forschung von der Reformation bis auf die Gegenwart".

[43] Vgl. Ralf Krause / Marc Rölli (Hrsg.); Macht. Begriff und Wirkung in der politischen Philosophie der Gegenwart. Oder: Han, Byung--Chul; Was ist Macht? , Stuttgart: Reclam 2005.

[44] Jacob Taubes; Die Politische Theologie des Paulus, S. 27.

[45] Ebd.

[46] Ebd. Völlig entgegengesetzt Michael Wolter; Paulus. Ein Grundriss seiner Theologie, S. 53: „Dass der Begriff ‚Evangelium' in der hellenistischen Herrscherverehrung eine ‚zentrale' Rolle spielt und Paulus mit ihm ‚bewußt eine politisch-religiöse Sematik (verwendet)', kann man getrost ausschließen." D iese Breitseite galt U. Schnelle; Paulus. Leben und Denken, Berlin 2. Überarbeitete und erweiterte Auflage 2014, S. 437: „Nicht das Erscheinen des Kaisers rettet, sondern der vom Himmel kommende Gottessohn (1 Thess 1. 9f)."

In einem ökonomischen Sprachspiel formuliert, bedeutet das Siegen über das männliche Siegen-müssen das Ende einer unaufhaltsamen Wachstumsideologie und einer ungebremsten Profitmaximierung. Paulus ist auch das Ende (digitaler) Aufrüstung und aller Kriegsplanspiele. Paulus entlarvt das, was heute „Nekropolitik"[47] genannt wird. Achille Mbembe zeigt messerscharf und klar, wie die Macht (der/einer Souveränität) durch die Schaffung von Zonen des Todes bewerkstelligt wird und in Kraft tritt, in denen der Tod zur ultimativen Ausübung von Herrschaft instrumentalisiert wird. Nekropolitik kennzeichnet die „gegenwärtige Form der Unterwerfung des Lebens unter die Macht des Todes"[48]. So lange unsere westliche imperiale Lebensweise unhinterfragt fortbesteht, wird es kein Ende der Nekropolitik geben[49].

Das klingt vielleicht befremdlich. Wir haben aber zu bedenken. Paulus war kein Dogmatiker, also kein systematischer Theologe in unserem heutigen Verständnis:

Paulus war ein Apokalyptiker[50] – geprägt von der Hoffnung auf das baldige Kommen des Reiches Gottes.

Und durchdrungen von der für uns zutiefst verstörenden und disruptiven Überzeugung von der völligen „Verwandlung dessen, was Menschen wissen und wie sie es wissen können"[51].

Paulus kann deshalb auch „so ganz nebenbei die – für unser

[47] Achille Mbembe (2011) Nekropolitik. In: Pieper M., Atzert T., Karakayalı S., Tsianos V. (eds) Biopolitik – in der Debatte. VS Verlag für Sozialwissenschaften. Und Timo Dorsch; Nekropolitik. In: FR vom 18.2.2021, S. 3.
[48] Ebd.
[49] Vgl. Timo Dorsch; Nekropolitik. In: FR vom 18.2.2021, S. 3.
[50] Ekkehard Stegemann in einem Interview: „Paulus ist nur als Apokalyptiker zu verstehen." Quelle: https://reformiert.info/de/schwerpunkt/1manchmal-kann-auch-ich-paulus-nicht-rettenr-16063.html
Und Martin Hengel; Paulus und Jakobus. Kleine Schriften III, S. 343.
[51] David Nirenberg; Anti-Judaismus. Eine andere Geschichte des westlichen Denkens, S. 64.

Vorstellungsvermögen – größten ‚mythologischen' Ungeheuerlichkeiten"[52] in seinen Briefen ausbreiten. Er bringt diese (für uns so sehr) befremdlichen Überzeugungen mit einem eigenen Bild sehr plastisch zum Ausdruck. Er schreibt in 1Kor 7, 29:

„Die Zeit gerät aus den Fugen."[53]

Meine zentrale These ist eine Interpretation dieser Irritation , Neuartigkeit und Befremdlichkeit[54]. Sie ist der Versuch, „sich selbst vor dem Text"[55] - hier der authentischen Paulus-Briefe - verstehen zu wollen. Das ist ein Verstehens-Schlüssel. Nicht „im" oder „hinter" dem Text, sondern „vor" dem Text stehen – d.h. den biblischen/paulinischen Texte als einen „Entwurf von Welt"[56] verstehen und im Kontext meiner/unserer Lebenswirklichkeit begreifen. Nur wenn ich mir den Text auf diese Weise – als „Entwurf von Welt"[57] - aneigne, wenn ich mich „selbst vor dem Text verstehe", wird er sich mir erschließen können und ich ihn verstehen können. Einen Text verstehen, heißt nicht: die „Sache des Textes"[58] verstehen, sondern vielmehr und alles entscheidend sich selbst vor dem Text verstehen. Interpretieren ist somit ein „schöpferisches Hervorbringen"[59], ein „Sich-

---

[52] Martin Hengel; Paulus und Jakobus. Kleine Schriften III, S. 364.

[53] Übersetzung von Luise Schottroff in BigS.

[54] Schon für die Athener waren die Inhalte der Predigt des Paulus neuartige und befremdlich. So Knut Backhaus in Quelle: https://www.bibelwissenschaft.de/wibilex/das-bibellexikon/lexikon/sachwort/anzeigen/details/areopagrede/ch/856b39cbc9753e2951f0df3fd42c24ff/

[55] Paul Ricoeur; Eine intellektuelle Autobiografie. In: ders.; Vom Text zur Person Hermeneutische Aufsätze (1970 – 1999), S. 50. Und Paul Ricoeur; Philosophische und theologische Hermeneutik. In: Ricoeur & Jüngel; Metapher. 1974, S. 33.

[56] Paul Ricoeur; Philosophische und theologische Hermeneutik. In: Ricoeur & Jüngel; Metapher, S. 32.

[57] Ebd., S. 32.

[58] Quelle: https://www.bibelwissenschaft.de/wibilex/das-bibellexikon/lexikon/sachwort/anzeigen/details/bibelauslegung-christliche/ch/803dd0c154bdcda04ae822f361ae8d63/

[59] Ulrich H. J. Körtner; Einführung in die theologische Hermeneutik, S. 18.

Verstehen vor dem Text"[60] und keine bloßes Wiederholung - Satz für Satz - noch ein schlichtes, wortwörtliches Übersetzen. Meine These soll zu einem konkreten Erleben führen: Aha! – das wollte Paulus: einen Sieg über das (männliche) Siegen-müssen. Das ist zwar eine ironisch gedeichselte Formulierung, aber sie leuchtet mir ein. So habe ich ihn ja noch nie gelesen und verstanden.

So wird Paulus für mich diskutierbar. Und das ist auch gut so. Denn Paulus ist 1. von Beginn an umstritten[61]. Er war keineswegs unangefochten[62]. Und manchmal ist Paulus auch nicht mehr zu retten[63]. Das machen seine Briefe deutlich. Sie sind ja geradezu ein Zeugnis seines Umstrittenseins. Und um die inhaltlich-sachliche Mitte seiner theologischen Äußerungen herrscht 2. immer noch ein offener Streit[64]. Die Inhalte sind wir gewohnt zu hören, aber sie sind uns fremd. Und auch an ihre Fremdheit haben wir uns gewöhnt. Was haben sie mit unseren Problemen und Lebensumständen zu tun? Hinzu kommt 3. die aktuelle politische Großwetterlage als heutiger

---

[60] Paul Ricoeur; Philosophische und theologische Hermeneutik. In: Ricoeur & Jüngel; Metapher, S. 33.

[61] Vgl. Georg Eichholz; Die Theologie des Paulus im Umriss. 1972, S. 3 – 7. Und aktuell: Christof Landmesser; Umstrittener Paulus. Die gegenwärtige Diskussion um die paulinische Theologie. In: Zeitschrift für Theologie und Kirche 105 (2008), S. 387-410. Und aus feministischer Perspektive: Janssen, Claudia, Schottroff, Luise, u. Beate Wehn Hrsg.); Paulus. Umstrittene Traditionen - lebendige Theologie. Eine feministische Lektüre 2001.

[62] Vgl. Luzia Sutter Rehmann; Die aktuelle feministische Exegese der Paulinischen Briefe. Ein Überblick. In: Janssen, Claudia, Schottroff, Luise, u. Beate Wehn Hrsg.); Paulus. Umstrittene Traditionen - lebendige Theologie. Eine feministische Lektüre 2001, S. 12.

[63] So der Paulusforscher Ekkehard Stegemann. In: reformiert. Quelle: https://reformiert.info/de/schwerpunkt/lmanchmal-kann-auch-ich-paulus-nicht-rettenr-16063.html

[64] Von Hans Conzelmann; Paulus und die Weisheit. In: NTS 12 (1965/66, S. 231 – 244 bis Marlene Crüsemann; Gott ist Beziehung: Beiträge zur biblischen Rede von Gott. 2014.

Verstehenshorizont für Paulus und die Entfaltung seiner Bedeutung. Selten zuvor haben Konflikte[65] und die manifeste Erderwärmung den globalen Frieden derart massiv bedroht wie aktuell. Sämtliche Konfliktherde sind unverkennbare Beispiele männlichen Siegen-müssens. Das „Strickmuster" hat sich seit zweitausend Jahren nicht geändert. Nur die Akteure sind seit den Römern andere. Machtausübung und Unterdrückung sind als Verhaltensmuster geblieben. Was aber seit Paulus deutlich und dramatisch anders ist, nennen wir die Globalisierung bzw. globale Phänomene, wie Erderwärmung und Klimawandel, Militarisierung, Ungleichbehandlung von Frauen und Männern, Hunger, Ausbeutung durch Billiglohn und prekäre Beschäftigung und unendliche Migrationsströme. Deshalb ist 4. noch der Frage nachzugehen, welche Impulse und Verstehenshilfen wir von Paulus hinsichtlich der Zufälligkeit, den Verstrickungen und vorhandenen und politisch gewollten Chancen(un)gleichheiten unseres eigenen Lebens erhalten.

Ich fasse überleitend mit einem Zitat zusammen und formuliere, was jetzt ansteht: "Eine Neuentdeckung des Paulus ist fällig!"[66]

---

[65] So die FR vom 14. August 2019 mit dem Artikel: „Die 7 Weltwunden", S. 2-3: Iran:
- Atomare Gefahr
- USA-Russland-China: Globales Wettrüsten
- Libyen/Syrien/Afghanistan: Endloser Bürgerkrieg
- Türkei: Erdogan und die Kurden
- Südchinesisches Meer: Wichtige Handelsroute
- Ukraine: Heute ist Krieg durch Putins Überfall auf Ukraine am 24. Februar 2022.
- Indien-Pakistan: Alte, neue Feinde

[66] Janssen, Claudia, Schottroff, Luise, u. Beate Wehn [Hrsg.]; Paulus. Umstrittene Traditionen - lebendige Theologie. Eine feministische Lektüre, S. 7.

1.2. „Paulus" – das ist ein Konzept

Um nicht gleich in die Irre zu gehen, ist es notwendig, sich zu verdeutlichen, dass für uns und unser spontanes Verständnis Paulus zunächst nicht eine Person darstellt, sondern das, was wir wissenschaftstheoretisch ein Konzept nennen. Ein Konzept hilft „logische Strukturen zu schaffen, um am Ende eine fundierte Bewertung des Untersuchungsgegenstandes vornehmen zu können"[67]. Insofern ist:

> „'Paulus' – ein Konzept."[68]

Wenn wir „Paulus" hören, sind für unseren Ohren folgende Implikationen wie selbstverständlich mitgegeben: „Der Apostel ist systematischer Theologe, er ist Identifikationsfigur für den Interpreten und den protestantischen Pfarrer, er ist männlichen Geschlechtes und hat gegenüber seinen Gegnern immer recht."[69] Das ist nicht Paulus, sondern unser gewohntes Bild von Paulus. „Paulus" ist zunächst ein Konzept. Es geht um die Brille, durch die wir Paulus zu verstehen gewohnt sind. Es geht um unsere Sehgewohnheit, Hörgewohnheit und Interpretationsgewohnheit. Zu kritisieren ist unsere „Vereinnahmung des jüdischen Mannes Paulus durch die christliche, antijudaistische Auslegung, die sich am Patriarchat als dem einzig legitimen gesellschaftlichen Organisationsmodell orientiert"[70]. Wir sollten

---

[67] Florian Hartleb; Wie entsteht ein gutes sozialwissenschaftliches Konzept? In: ZPB Zeitschrift für Politikberatung 3/2011, S. 109.

[68] Luzia Sutter Rehmann; Die aktuelle feministische Exegese der paulinischen Briefe. Ein Überblick, S. 11. In: Paulus: umstrittene Traditionen - lebendige Theologie: eine feministische Lektüre. Gütersloh, S. 10-22. Und: Luzia Sutter Rehmann; Die paulinischen Briefe in der feministischen Exegese - ein Überblick http://www.lectio.unibe.ch/01_1/pa.pdf. Hier S. 5.

[69] Luise Schottroff; Wie lese ich die Briefe des Paulus? In: Claudia Janssen & Beate Wehn; Wie Freiheit entsteht. Sozialgeschichtliche Bibelauslegungen, S. 108 – 109.

[70] Luise Schottroff; Wie lese ich die Briefe des Paulus? S. 108. In: Claudia Janssen & Beate Wehn; Wie Freiheit entsteht. Sozialgeschichtliche Bibelauslegungen. 1999, S. 108 – 112.

uns in Erinnerung rufen, was für jedes „Paulus"-Konzept von entscheidender Bedeutung sein dürfte:

Wie wird das Verhältnis zwischen Paulus und den Gemeinden gesehen?

Das dürfte ein Schlüssel sein, um „Paulus als jüdisch und Messiasgläubigen zu denken, ..., verletzlich und vorsichtig, bedrängt und provozierend, aber nie isoliert von den ihn umgebenden Menschen wahrzunehmen"[71]. Denn die Gemeinden sind nicht bloße Adressatinnen seiner Briefe; sie sind vielmehr der Lebens- und Entstehungszusammenhang seiner Briefe.

Damit ist es möglich, noch ein weiteres Konzept zu kritisieren. Das Konzept von „Paulus als Autor seiner Briefe"[72]. Paulus ist kein Einzelkämpfer und kein (früher) Luther auf der Wartburg. Wird Paulus konsequent in die historischen Gemeinderealitäten eingebettet, also dort kontextualisiert, dann werden die Briefe des Paulus - wie auch die späteren Evangelien des NT – „als Glied in einer Kette derer faßbar, die ihn die Hoffnung lehrten (1 Kor 15,3), und derer, die mit ihm und in Auseinandersetzung mit ihm das neue Leben zu gestalten suchten"[73]. Paulus, das ist deshalb ein „Autor im Plural"[74]. Er lässt als „kollektives Subjekt" die sozialen Bezüge seine Umwelt hinein sichtbar werden. Das verändert in einer ganz grundsätzlichen Weise unseren Blick auf Paulus und unseren Umgang mit ihm.

Zusammengefasst: „Paulus" – das ist ein Konzept. Und erst durch die geschichtlich spätere Hierarchisierung

---

[71] Luzia Sutter Rehmann; Die aktuelle feministische Exegese der paulinischen Briefe. Ein Überblick, S. 15. In: Paulus: umstrittene Traditionen - lebendige Theologie: eine feministische Lektüre. Gütersloh, S. 10-22.

[72] Ebd., S. 15. Beispiele: Ebd. Anm. 2.

[73] Ebd.

[74] So Elsa Tamez, Gegen die Verurteilung zum Tod. Paulus oder die Rechtfertigung durch den Glauben aus der Perspektive der Unterdrückten und Ausgeschlossenen, Luzern 1998, S. 52.

unterschiedlicher Kirchenämter ist Paulus zu einer Autorität mit Absolutheitsanspruch geworden. Dadurch erst ist ein Zerr-Bild von Paulus und seinen (innergemeindlichen) Gegnern entstanden. „Die Vorstellung, dass er immer recht hat, war weder die des Paulus selbst noch die seiner AdressatInnen. Er kämpft, er argumentiert und er wendet alle ihm zur Verfügung stehenden rhetorischen Mittel an, weil er sehr wohl um die Begrenztheit seiner Autorität weiß."[75]

Wir haben uns deshalb zu fragen: „Können wir uns einen Paulus vorstellen, der noch nicht im Gegensatz von Juden und Christen denkt, sondern von Juden und Heiden[76]? Einen Paulus, der auf der jüdischen Verliererseite gegen die repressiven Strukturen des römischen Imperiums kämpft? Einen Paulus, der in intensiver Auseinandersetzung mit jüdischen Gemeinden, Frauen und Männern stand, sich bewegte und bewegen ließ?"[77] Das wäre ein Beginn, Paulus neu sehen zu lernen. Anders wie kirchen-üblich gelesen und konfiguriert wird. „Als Instrumente für diese Arbeit erweisen sich die Patriarchatskritik, zusammen mit der Problematisierung der androzentrischen Sprache, sowie die Antijudaismuskritik an der christlichen Auslegung."[78]

---

[75] Luise Schottroff; Wie lese ich die Briefe des Paulus? In: Claudia Janssen & Beate Wehn; Wie Freiheit entsteht. Sozialgeschichtliche Bibelauslegungen, S. 110.

[76] „Den Völkern" müsste es heißen. An dieser Stelle findet sich meistens der Kampfbegriff „Heide". „Die Heiden missionieren und taufen sollen" ist theologisch legitimierte Kolonialisierung. „Heiden" waren alle von Rom unterworfenen und ausgebeuteten Völker. „Heide" nenne ich das H-Wort der Theologie.

[77] Sutter Rehmann; Die paulinischen Briefe in der feministischen Exegese - ein Überblick. Quelle: http://www.lectio.unibe.ch/01_1/pa.htm. Hier S. 5.

[78] Ebd.

2. Paulus - es gibt Fakten

Zunächst berichte und interpretiere ich die biografischen Fakten bis zum sog. Damaskuserlebnis[79]. Ich konzentriere und beschränke[80] mich diesen Abschnitt im Leben des Paulus.

2.1. Was wissen wir von Paulus?

Wir sollten kurz die Fakten einsammeln und bewerten, um von vorneherein der Gefahr einer Interpretation des Menschen Paulus mit einer anti-jüdischer Brille entgegenzutreten[81]. Sie wäre falsch, anachronistisch und nicht plausibel. Ich halte fest: Paulus war Jude und blieb Jude und verblieb im Judentum seiner Zeit.

Als Quellen für die biografischen Fakten sind an erster Stelle die sieben authentischen Briefe zu nennen: 1Thess, 1 Kor, 2Kor, Phil, Gal, Phlm, Röm. Und die lukanische Apostelgeschichte. Sie ist äußerst kritisch zu betrachten, weil sie ein dramatisches Bild von Paulus zeichnet. Sie erinnert aber auch an:

Seine Herkunft aus Tarsus – seinen Doppelname Saulus-Paulus[82] – seinen gelernten Beruf des Zeltmachers, – das sog. Damaskuserlebnis, – die „erste Missionsreise" von Antiochia aus, – und an den Prozess vor Gallio in Korinth. Von Gallio gibt es

---

[79] Es gibt sehr verschiedene Bezeichnungen hierfür: Damaskus-Ereignis, Damaskusepisode, Paulus vor Damaskus.

[80] Es werden fehlen: die 1. Missionsreise, das Jerusalemer Apostelkonzil, Konflikte in den Gemeinden, Vorfall in Antiochia, Erlebnisse auf den beiden anderen Missionsreisen, die Kollekte für Jerusalem, Mitarbeiter*innen, Rom und Martyrium.

[81] Diesen Impuls verfolgt die anerkannte New Perspective on Paul konsequent.

[82] „Paulus trug also einen hellenistischen Zweitnamen, der sich am ehesten der Klangähnlichkeit mit Šā'ûl verdankte." (Eva Ebel; Das Leben des Paulus. In: Oda Wischmeyer (Hrsg.); Paulus, S. 110 Anm. 11) Es liegt bei „Saulus - Paulus" kein sprichwörtlich gewordener Namenswechsel vor. Siehe Eva Ebel; Das Leben des Paulus. In: Oda Wischmeyer (Hrsg.); Paulus, S. 115 Anm. 27.

einen archäologischen Fund, Teile einer Inschrift, die uns eine Zeitangabe und damit eine zeitliche Zuordnung erlaubt: Paulus war im Sommer 51 n. Chr. in Korinth[83]. Sein missionarisches Wirken ist deshalb zwischen ca. 33 bis 64 n. Chr. zu datieren.

Also: Wir kennen zwar nicht das Geburtsdatum des Paulus (etwa Mitte des ersten Jahrzehnts n. Chr.) noch sein Sterbedatum (nach 60 n. Chr. in Rom). Wir wissen, dass er in Tarsus, einer hellenistischen Metropole des römischen Reiches, in Kilikien geboren wurde. Paulus war ein Diaspora-Jude. Ob er das römische Bürgerrecht – civis Romanus - besaß, ist heute umstritten. Er darf aber als „privilegierter Diasporajude"[84] bezeichnet werden. Familiär führte man sich auf den Stamm Benjamin zurück. Er wurde beschnitten. Hat nicht geheiratet. Er war ein Stadtmensch. Seine Muttersprache war Griechisch. Er war literarisch gebildet[85]. Er litt über lange Zeit an einer Krankheit oder Behinderung. Wir kennen die Diagnose, die hinter seiner Selbstauskunft zu seinen Krankheits- und Schwäche-Zuständen zu vermuten ist, nicht wirklich. Vielleicht war es eine Epilepsie[86]. Oder er litt unter „einer schweren Migräne"[87]. Es finden sich „ex post" reichlich Diagnosen. Paulus hatte ein

---

[83] Udo Schnelle; Paulus. Leben und Denken, S. 31.

[84] Ebd., S. 42.

[85] So T. Vegge in: Udo Schnelle, Paulus, S. 45. Die von E. P. Sanders; Paulus, S. 20 vorgetragene „Mittelschichterziehung" halte ich für irreführend.

[86] Zum Beispiel: Gerhard Roth; Persönlichkeit, Entscheidung und Verhalten. Warum es so schwierig ist, sich und andere zu ändern. 4. Auflage 2008, S.305. Für ihn ist Paulus ein Epileptiker und sein Damskuserlebnis ein Grand-mal-Anfall mit Halluzinationen. Psychiater wissen seit Jahrzehnten, dass eine bestimmte Art der Epilepsie zu religiösen Gefühlen führt. Bei dieser sogenannten Herd-Epilepsie ist nur eine relativ kleine Hirnregion im linken Schläfenlappen betroffen (Schläfenlappen-Epilepsie). Diese Anfälle gehen einher mit dem Erlebnis göttlicher Gegenwart oder auch mit dem Erleben in direkter Kommunikation mit Gott zu sein.

[87] Hans-Heinrich Stricker; Mensch in Schwachheit – Apostel in Kraft. Psyche, Krankheit und Heil bei Paulus im Urteil des Arztes. 2008, S. 121.

Handwerk erlernt; er war Zeltmacher / Zelttuchmacher - ein Handwerk im Rahmen der Leinenverarbeitung. Das entspricht den Grundsätzen seiner pharisäischen Glaubenshaltung. Paulus lebte als Pharisäer. Sein Eifer[88] war außerordentlich. Wir dürfen ihn für einen pharisäischen Schriftgelehrten halten, der seine Ausbildung vermutlich in Jerusalem[89] erhalten hatte. Lehrhäuser außerhalb Palästinas gab es erst als Folge des jüdischen Krieges mit der Zerstörung des Tempels in Jerusalem in den Jahren 70 und 132 – 135 n. Chr. „Als Pharisäer stand Paulus nicht am Rand des Judentums seiner Zeit, sondern in einer Bewegung, die jüdisches Leben und jüdische Identität zu fördern und darin der göttlichen Erwählung zu entsprechen versuchte."[90] Entscheidend waren das Studium des „Gesetzes", der Tora, und seiner lebens- und alltagspraktischen Umsetzung. Zum pharisäischen Glaubensgut gehörte auch der Glaube an die Auferweckung der Toten. Von seiner Verfolgertätigkeit spricht Paulus[91] ohne Angaben von Einzelheiten nur sehr stereotyp. Die Apostelgeschichte des Lukas „malt" recht anschaulich im Rahmen ihres Konzeptes den Pharisäer Paulus als Verfolger der Urgemeinde in Jerusalem. Das ist eine „rein lukanische Konstruktion"[92]. Die Verfolgertätigkeit des Paulus dürfte in Damaskus[93] stattgefunden haben. In seinem (überzogenen) „Eifer" war es für ihn (vermutlich) unerträglich, dass ein Gekreuzigter der verheißene Messias Israels sein sollte. Das hat

---

[88] Vgl. Udo Schnelle; Paulus, S. 54. Und M. Hegel; Die Zeloten, S. 151ff.

[89] So Udo Schnelle; Paulus, S. 71.

[90] Jörg Frey; Das Judentum des Paulus. In: Oda Wischmeyer (Hrsg.); Paulus, S. 44.

[91] Gal 1,23; 1 Kor 15,9; Gal 1,13 und Phil 3,6.

[92] Chr. Burchard; Der dreizehnte Zeuge, S. 50f. Auch Udo Schnelle; Paulus, S. 74 - 75.

[93] Eva Ebel; Das Leben des Paulus. In: Oda Wischmeyer (Hrsg.); Paulus, S. 114.

die so sicher geglaubten Fundamente seines (bisherigen) Glaubens gewaltig erschüttert.

Warum war das möglich? Warum hat das Paulus erschüttert?

„Die Proklamation des gekreuzigten vermeintlichen Gotteslästerers Jesus von Nazareth zum Messias Israels"[94] - diese Vorstellung war für Paulus komplett absurd. Und eine Gottes-Lästerung. Das hat ihn extrem „genervt"- und „den Eiferer" in ihm wütend gemacht. Diese nervenaufreibende Angelegenheit wollte Paulus durch „Verfolgung" abschaffen. Genau das wurde ihm zum „Disruptionspunkt"[95]: Paulus hat sich neu erfunden. Wir nennen das heute eine „Selbstermächtigung"[96] oder in der Sprache Th. W. Adornos: „Ohne Angst verschieden sein können"[97] bzw. mit Antonovsky: „Kohärenzsinn"[98]. Wer also auf seinem Lebensweg im übertragenen Sinn vom Pferd fällt, der muss „aufrecht gehen lernen in einer Welt riskanter werdender Chancen"[99]. Das bei Lukas in der Apostelgeschichte

---

[94] Vgl. Udo Schnelle, S. 78f.

[95] Christoph Keese; Disrupt yourself. Vom Abenteuer, sich in der digitalen Welt neu erfinden zu müssen, S.159. Die gleiche Selbstermächtigung lässt sich auch bei F. Nietzsche in Sils-Maria beobachten. Vgl. Andreas Urs Sommer; Wie kommt die Idee zum Philosophen? In: Zeitschrift für Ideengeschichte Heft XIII/4 Winter 2019: Unverhoffte Begegnung, S. 130.

[96] Empowerment heißt Selbstermächtigung und meint, dass wir genauer hinschauen und erkennen sollten, wer eigentlich die Fäden in unserem Leben in der Hand hält – und diese dann in die eigenen Hände nehmen. Siehe unter anderem: Heiner Keupp: Die (Wieder-)Gewinnung von Handlungskompetenz. Empowerment in der psychosozialen Praxis. In: Verhaltenstherapie und psychosoziale Praxis 3/1993, 365–381.

[97] Theodor W. Adorno; „Minima Moralia. Reflexionen aus dem beschädigten Leben" (1951), S. 131. Heiner Keupp; Ohne Angst verschieden sein können – riskante Chancen in einer postmodernen Gesellschaft. Quelle: https://dvb-fachverband.de/wp-content/uplads/2020/07/Keupp_97.pdf

[98] Antonovsky, A. (1987); Unraveling the mystery of health. How people manage stress and stay well.San Francisco: Jossey-Bass.

[99] Keupp, H. (1993). Aufrecht gehen lernen in einer Welt riskanter werdender Chancen. Eine Empowerment-Perspektive für die Arbeit mit Kindern und

als Damaskusereignis dramatisch gestaltete Erleben des Paulus ist in postmodernen gesellschaftlichen Kontexten eine Erfahrung, die viele – auch nicht mehr ganz so junge – Menschen machen müssen. Paulus wurde aus sich selbst heraus zu einem „Ich-Projekt"[100]. So heißt das in neudeutschem Psycho-Speech. Insofern war Paulus vor Damaskus schon recht modern. Diese von ihm als existentiell erlebte Begebenheit wird später zum Anstoss seiner eigenen Verkündigung.

Wie kam es dazu? Wie war das möglich?

Das Damaskusgeschehen[101] darf ins Jahr 33 n. Chr. verortet werden. In fast schon stenografischer Kürze berichtet Paulus in: 1 Kor 9,1; 1 Kor 15,3-11; 2 Kor 4,6; Gal 1,12-16; Phil 3,4b-11. Er macht keine Angaben zu Zeit und Ort. Er erzählt von einer Erscheinung Christi. Paulus reiht sich damit ein in die Gruppe der Auferstehungszeugen: „Ich habe Jesus, unseren Herrn, gesehen."[102] Das ist der ganze Inhalt des sog. Damaskuserlebnisses: Eine glatte Selbst-Behauptung im Sprachspiel visionären Erlebens. Fast schon unverschämt! Und anmaßend. Empowerment heißt das heutzutage. Selbstermächtigung als „(Wieder-)Gewinnung von Handlungskompetenz"[103]. Paulus trägt ziemlich dick auf. Wer kann das überprüfen? „Auffallend ist, dass Paulus nicht wirklich erzählt"[104], was (mit) ihm passiert ist. Wir wissen nicht, was denn Paulus gesehen hat bzw. gesehen haben will. Fest steht:

Jugendlichen. Blätter der Wohlfahrtspflege, 140, S. 52 - 55.

[100] So lautet der Titel einer DVD von Woody Woodward; I-ology - Das Ich-Projekt. 2012.
[101] Das Damaskuserlebnis wurde in der Kunst oft in Szene gesetzt. Immer wieder regt es dazu an, auch das je eigene Gottesverhältnis zu hinterfragen.
[102] 1 Kor 9,1.
[103] So die Formulierung von Heiner Keupp. Siehe Anm. 95. So heißt das im neudeutschen Psycho-speech.
[104] Eckhart Reinmuth; Paulus. Gott neu denken, S. 23.

Das war kein Religionswechsel. „Bei Paulus unreflektiert von einer Konversion oder Bekehrung – zumal vom Judentum zum Christentum - zu sprechen, ist zudem in hohem Masse anachronistisch."[105] Aus einem Saulus wurde kein Paulus. Das ist ein beliebtes Wortspiel. Das ist triviales Geschwätz. Ein antijüdischer Affront. Paulus versteht sich als Völkerapostel[106]. „Ein Genie der Projektion war Paulus gewiss; doch unmöglich kann er als Zeuge der Begegnung mit dem «Gesalbten» gelten. ... Paulus war das Genie, das den Apostel erfand."[107]. Er hat sein Jüdisch-Sein nicht aufgegeben. Da war keine Bekehrung[108] und auch keine Konversion[109]. Paulus wurde nicht Christ. Vielleicht ist sein Damaskuserlebnis „als eine Art Denominationswechsel innerhalb des Judentums zu verstehen, nämlich vom Pharisäismus zur apokalyptisch-jüdischen Sekte"[110], aus der sich im Laufe der Zeit das frühe Christentum heraus entwickelt hat. Paulus versteht sich jedenfalls ab jetzt eindeutig und unbeirrbar als „göttlicher Bote"[111]: Als ein „ἀπόστολος Χριστοῦ Ἰησοῦ".

---

[105] Esther Kobel; Paulus als interkultureller Vermittler. Eine Studie zur kulturellen Positionierung des Apostels der Völker. 2019, S. 112.

[106] Udo Schnelle; Paulus, S. 78.

[107] Peter Sloterdijk; Glaube, Fegefeuer des Zweifels. Auserwählte und Ungeliebte – Luther, Paulus, Augustin und ein folgenschwerer Denkfehler. In: NZZ vom 2.10.2016.

[108] Explizit gegen das klassische Bekehrungsmodell richtete sich K. Stendahl; Der Jude Paulus und wir Heiden, München 1987, S. 22.

[109] Kritisch dazu: Christoph Morgenthaler & David Plüss; Konversion. In: Praktische Theologie. Zeitschrift für Praxis in Kirche, Gesellschaft und Kultur 54 (2019) Heft 4, S. 195: „Die Konversionsforschung hat die Authentizität von Konversionsberichten entzaubert und relativiert. Mehr noch: Konversionen scheiden die Geister. Die damit verbundenen Verwerfungen und Brüche, Einseitigkeiten und Radikalismen sind vielen Zeitgenossinnen und Zeitgenossen mit guten Gründen suspekt."

[110] Siehe Segal, A.F., 1990, Paul the Convert: The Apostolate and Apostasy of Saul the Pharisee. New Haven / London 1990, S. 25-30.37: Die Theologie des Paulus ist maßgeblich durch die Theologie der Gemeinde bestimmt, in der Paulus nach seinem Erlebnis Aufnahme.

[111] L. Schottroff; Der erste Brief an die Gemeinde in Korinth, S. 10.

So seine Selbstbezeichnung. Sie klingt wie eine (völlig übertriebene) subjektive „Wirklichkeitsgewissheit"[112] im Sinne einer scheinbar unerschütterlichen Überzeugung. Das kann einen Menschen fanatisch machen. Genauso verhält er sich auch. Er fühlte sich „berufen"[113]. Bis in den Wortlaut hinein gleicht seine Schilderung des Damskuserlebnisses den Berufungsgeschichten des Propheten Jesaja und des Jeremia. Sie sind sein Modell. Er reiht sich in die Tradition der „Propheten ein, die vorgeburtlich erwählt waren und den Auftrag hatten, unter die Völker zu gehen"[114]. Paulus versteht sich seitdem als von Gott beauftragter Bote, als Apostel, als Völkerapostel. Paulus verortet sich mit seinem Auftrag zum Völkerapostel voll und ganz innerhalb der Geschichte Israels mit seinem Gott. Das ist „keinesfalls als Bruch mit Israel"[115] zu bewerten. Paulus blieb, was er war: ein Jude[116]. Und zwar in der Lebensweise eines Pharisäers[117]. Er war ein „superfrommer Jude"[118] - weit mehr –

---

[112] Der Begriff stammt von Michael Wolter; Paulus. Ein Grundriss seiner Theologie, S. 86.

[113] Paulus schildert selbst in Gal 1, 15 – 16, 1 Kor 9, 1 und 15, 8; sowie 2 Kor 4, 4 - 6 eine Vision, während Lukas in der Apostelgeschichte (Apg 9, 3 – 8; 22, 6 - 11; 26, 9 -18) von einer Audition berichtet.

[114] Esther Kobel; Paulus als interkultureller Vermittler. Eine Studie zur kulturellen Positionierung des Apostels der Völker. 2019, S. 116.

[115] Ebd.

[116] Vgl. Gal 1, 13f.: „Ἠκούσατε γὰρ τὴν ἐμὴν ἀναστροφήν ποτε ἐν τῷ Ἰουδαϊσμῷ" / „Ihr habt doch gehört, wie ich früher mein Judesein praktiziert habe" und Gal 2, 14.

[117] Siehe Phil 3, 5: „περιτομῇ ὀκταήμερος, ἐκ γένους Ἰσραήλ, φυλῆς Βενιαμίν, Ἑβραῖος ἐξ Ἑβραίων, κατὰ νόμον Φαρισαῖος" / „Ich bin nämlich am achten Tag beschnitten, stamme aus dem Volk Israel, aus dem Stamm Benjamin, ein Hebräer aus hebräischer Familie, pharisäisch in meiner Toraauffassung." Insgesamt aber wissen wir heute herzlich wenig von den Pharisäern und ihrer Lebensweise. Vgl. P. Schäfer, Der vorrabbinische Pharisäismus, in: M. Hengel, U. Heckel (Hg.); Paulus und das antike Judentum, WUNT 58, Tübingen 1991, S. 125-175.

[118] So Paulus selbst in Gal 1, 14.

so seine Selbstbeschreibung - als viele seiner ebenfalls traditionsbewussten Gleichaltrigen.

Was ist das? Was war geschehen?

Wir würden heute von „Empowerment"[119] sprechen. Es ist die dezidierte Abkehr vom Defizit-Blick auf Lebensschwierigkeiten und die eigene Hilfebedürftigkeit; und eine ganz entschiedene Fokussierung auf die vorhandenen Stärken. Das Vertrauen in die Fähigkeit eines Menschen zu Selbstaktualisierung, Selbstwirksamkeit und personalem Wachstum. „Eigen-Sinn"[120] wäre ein anderes Wort für Paulus als Apostel. Ebenso: Autonomie und Selbstverantwortung, Respekt und Mut, einen auch unkonventionellen Lebensentwurf selbstbestimmt zu realisieren. „Das Empowerment-Konzept basiert auf normativ-ethischen Grundüberzeugungen, in denen sich die Achtung vor der Autonomie der Lebenspraxis der Klienten, ein engagiertes Eintreten für soziale Gerechtigkeit und für den Abbau von Strukturen sozialer Ungleichheit sowie die Orientierung an einer Stärkung von (basis-)demokratischen Partizipationsrechten miteinander verbinden."[121] Das ist schon nahe am

---

[119] Vgl. die Definition in: wikipedia: „Empowerment bezeichnet dabei sowohl den Prozess der Selbstbemächtigung (Emanzipation) als auch die professionelle Unterstützung der Menschen, ihr Gefühl der Macht- und Einflusslosigkeit (powerlessness, „gesellschaftspolitische Ohnmacht") zu überwinden und ihre Gestaltungsspielräume und Ressourcen wahrzunehmen und zu nutzen. Voraussetzungen für Empowerment innerhalb einer Organisation sind eine Vertrauenskultur und die Bereitschaft zur Delegation von Verantwortung auf allen Hierarchieebenen, eine entsprechende Qualifizierung und passende Kommunikationssysteme. Der Begriff Empowerment wird auch für einen erreichten Zustand von Selbstverantwortung und Selbstbestimmung verwendet; in diesem Sinn wird im Deutschen Empowerment gelegentlich auch als Selbstkompetenz bezeichnet." Quelle: https://de.wikipedia.org/wiki/Empowerment

[120] Wolfram Ette; Das eigensinnige Kind. Über unterdrückten Widerstand und die Formen ungelebten Lebens – ein gesellschaftspolitischer Essay, S. 98: „Denn ohne Unterdrückung gibt es keinen Eigensinn".

[121] Quelle: https://www.empowerment.de/grundlagen/

„Völkerapostel" Paulus. Apostel darf deshalb nicht wie ein späteres kirchliches Amt verstanden werden. Paulus begreift und performt sich als Völkerapostel. Das ist eine überaus starke Selbstbehauptung. War er doch augenscheinlich „alles in allem das reine Gegenteil dessen, was bisher Apostel hieß"[122]. Das ist sein (religiöses/autobiografisches) Genie. „Ein Genie der Projektion war Paulus gewiss; doch unmöglich kann er als Zeuge der Begegnung mit dem «Gesalbten» gelten. An seiner Figur kollabiert der Kierkegaardsche «Unterschied zwischen einem Genie und einem Apostel» (1848): Paulus war das Genie, das den Apostel erfand."[123] Er reiht sich selbst ein in die Gruppe der Osterzeugen, die den Auferstandenen „gesehen" haben: „Paulus zählt seine Berufung zu den Ostererscheinungen."[124] Das sieht Lukas später ganz anders, weil Paulus nicht Zeuge des öffentlichen und irdischen Lebens Jesu war. Paulus orientiert sich autobiografisch am Beispiel des Amos, des Jesaja und des Jeremia. Eine besondere Affinität besteht zu Deuterojesaja. Paulus verknüpft sein Erscheinungserlebnis/ seine Selbstermächtigung/ seine Selbstbehauptung: Apostel zu sein mit einem Verkündigungsauftrag an die Völker[125], τὸ ἔθνος / τα ἔθνη (1 Kor 1, 23), d.h. die „unterdrückten Völker des römischen Reiches"[126]. Hier geht es nicht um richtig oder falsch. Hier geht es

---

122 P. Wernle; Die Anfänge unserer Religion, 1904, S. 119.
123 Peter Sloterdijk; Glaube, Fegefeuer des Zweifels. Auserwählte und Ungeliebte – Luther, Paulus, Augustin und ein folgenschwerer Denkfehler. In: NZZ vom 2.10.2016. Das Zitat ist eine Anspielung an S. Kierkegaards Abhandlung „Über den Unterschied zwischen einem Genie und einem Apostel" und „Das Buch Adler oder der Begriff des Auserwählten". Quelle: https://www.nzz.ch/feuilleton/luther-und-die-folgen-glaube-die-hoelle-des-zweifels-ld.119711
124 Gerhard Lohfink; Paulus vor Damaskus, S. 85.
125 Immer noch wird unkritisch und diffamierend von den „Heiden" gesprochen. Das ist ein theologisch-kolonialer Kampfbegriff.
126 L. Schottroff; Der erste Brief an die Gemeinde in Korinth, S. 9.

um Interpretation und Deutung. Um Re-Konstruktion. Um Auto-biographie. Ich erinnere an ein Motto, das Gabriel García Márquez zitiert: „Nicht was wir gelebt haben, ist das Leben, sondern das, was wir erinnern und wie wir es erinnern, um davon zu erzählen."[127] Wir können nicht wissen, was jemand oder wie jemand etwas erlebt. Es spielt sich ausschließlich in seinem „Kopf" ab. Aber wir können seine Beschreibungen und Deutungen verstehen – und zwar ausschließlich auf unsere eigene Weise. So ist das auch mit Paulus und seiner starken autobiografischen Selbstbehauptung, ein Apostel Jesu Christi zu sein:

Hier brechen Fragen auf:

- Wir sollten nicht mehr von „Heiden"/ „Heidenvölkern" sprechen. Paulus ist ein „Völkerapostel". Was meint das?

- Wir sollten die Tragweite seines „Damaskus-Ereignisses" klären. Und dessen Bedeutung für uns heute.

- Und wir sollten klären, was Paulus unter der messianischen Zeit/ dem Messias versteht.

2.2. Paulus, der „Völkerapostel"[128]

Paulus geht nicht zu den Heiden. Er ist kein „Heidenmissionar". Wir sollten nicht mehr von „Heiden"/ „Heidenmission"[129]

---

[127] So lautet das Motto der Autobiografie von Gabriel García Márquez; Leben, um davon zu erzählen. 2004.
[128] Udo Schnelle; Paulus, S. 78.
[129] So noch Eckhart Reinmuth; Paulus. Gott neu denken, S. 52. Und viele andere mehr.

„Heidenvölkern" sprechen. Der Begriff „Heide" ist ruiniert[130]. Für unsere Ohren transportiert er eine eurozentrische Sicht der Welt und einen zutiefst kolonialen Blick: Aus den Heiden werden die "Wilden" und aus den „Wilden" bald die "Sklaven". Heiden sind dann im Vollzug der Kolonialisierung und Globalisierung sehr schnell die „Unterentwickelten" in der „Dritten Welt". Und als religiös Unterentwickelte – wurden sie konsequent als „Ungläubige"[131] abgestempelt. Sie mussten bekehrt und getauft werden. Das ist ein unglaubliches Zerrbild. Und Ausdruck eines/unseres westlichen imperialen Verhaltens. Das war Paulus nicht. Er war kein kolonialer Heidenmissionar. Dazu wurde er von späteren Generationen gemacht. Er verstand sich als „Völkerapostel", dessen Legitimität ihm allerdings „zeitlebens bestritten"[132] wurde.

Und wer waren die Völker?

„Um das Wort „Völker" (griech. ethne) in dieser Zeit zu verstehen muss man die Sprache der Ideologie Roms kennen. Sie nannten die unterworfenen Völker die ethne. … Simulacra gentium / Bildsäulen der unterworfenen Völker kennen wir also zur Genüge. Man stellte auf Münzen oder in kunstvollen

---

[130] Vgl. Ulrich Heckel; Das Bild der Heiden und die Identität der Christen bei Paulus. In: Die Heiden: Juden, Christen und das Problem des Fremden herausgegeben von Reinhard Feldmeier, Ulrich Heckel, Martin Hengel, S. 269 - 296. Und: Sänger, D., 2007, Heiden – Juden – Christen. Erwägungen zu einem Aspekt frühchristlicher Missionsgeschichte, in: Ders., Von der Bestimmtheit des Anfangs. Studien zu Jesus, Paulus und zum frühchristlichen Schriftverständnis, Neukirchen-Vluyn, 185-212
[131] Solche Abgrenzungen finden sich auch im Judentum und Islam: „Die jüdische Tradition hat vergleichbar den abgrenzenden, nicht abwertenden hebräischen Begriff goj (,aus den Völkern'), was etwa Nichtjude bzw. Ausländer bedeutet. Die Islamische Tradition hat vergleichbar den abgrenzenden, allerdings eindeutig abwertend-diskriminierenden, arabisch-islamischen Rechtsbegriff Kāfir, der Ungläubige oder „Gottesleugner" bezeichnet." Quelle: https://de.wikipedia.org/wiki/Heidentum
[132] Udo Schnelle; Paulus, S. 84.

Steinmetzarbeiten Rom als Sieger und die unterworfenen Völker / gentes, ethne dar. Meist sieht man eine Frau, die das unterworfene Volk symbolisiert, und einen Mann in aggressiver Herrscherpose über ihr."[133] Vor diesem Hintergrund und mit diesem Verständnis lässt sich sehr genau sagen: Paulus lebte aus einer Vision (das ist für mich die inhaltliche Füllung seines Damaskus-Ereignisses) heraus: „Gerechtigkeit für die ethne, die unter Roms imperialer Gewalt leiden"[134] Also eine weltweite Gerechtigkeit, wie sie von Jesaja und Jesus ersehnt wurde. Diese Vision Jesajas (42,1–4) und Jesu Mt 12,17–21, BigS) muss Paulus zutiefst getroffen haben. Geradezu heftigst erschüttert. Das war es, was sein Eifer wollte/worauf sein Eifer zielte: die Vision des Jesaja und des Jesus als Wunsch nach einem Ende des männlichen Siegen-müssen. „[17]So sollte das Wort erfüllt werden, das durch Jesaja, den Propheten, gesagt worden ist: [18]Seht, mein Kind, das ich erwählt habe, das ich liebe und an dem meine Seele Gefallen gefunden hat! Ich will meine Geistkraft auf diesen Menschen legen, und er wird den Völkern das Recht verkünden. [19]Er wird nicht streiten noch schreien. Niemand wird seine Stimme auf den Straßen hören. [20]Ein geknicktes Rohr wird er nicht zerbrechen und einen glimmenden Docht nicht auslöschen, bis er der Gerechtigkeit zum Sieg verholfen hat. [21]Seinetwegen werden die Völker von Hoffnung erfüllt werden."[135] (Mt 12,17-21, BigS) Das hat Paulus motiviert und angetrieben. „Euch, die ihr aus den Völkern stammt, euch sage ich: Ich bin glücklich über meine Aufgabe, für die ich als Apostel zu den Menschen aus den anderen Völkern gesandt bin"

---

[133] Luise Schottroff; „Am dritten Tage auferstanden von den Toten", S. 3. Quelle: https://www.eaberlin.de/nachlese/chronologisch-nach-jahren/2010/grosse-resonanz-auf-die-3-feministische-sommerakademie/luise-schottroff-auferstehung-2010.pdf

[134] Ebd.

[135] Das ist Jesaja 42,1–4 in Mt 12,17–21 zitiert.

(Röm 11,13, BigS). Der für unsere Ohren zutiefst diskriminierende „Heiden"-Begriff verdeckt und entwertet diesen politischen Gesamtzusammenhang einer trostreichen Vision der Gerechtigkeit für die Völker (τα ἐθνη), die damals unter Roms imperialer Gewalt zu leiden hatten.

So bleibt jetzt noch die Frage an uns: Wenn Paulus ein Apostel darstellt, was sind dann wir heute? Wer sollten wir sein? Wie sollten wir uns selbst bezeichnen und verstehen? Wie beschreiben wir uns? Müssen wir uns angesichts der Globalisierung bzw. globalen Bedrohungs- und Katastrophenlage nicht neu erfinden? Doch der Reihe nach!

2.3. Damaskus-Ereignis / Damaskusgeschehen

2.3.1.Exkurs: Disruption

Welche Tragweite – für uns - hat sein Damaskuserlebnis/Damaskus-Ereignis?

Paulus vor Damaskus ist ein hervorragendes Beispiel für das, was Disruption genannt wird.

Was ist das? Was geschieht da?

Disruption galt 2015 als das „Wirtschaftswort des Jahres"[136]. Es ist zunächst ein Schlagwort. Eine der größten disruptiven Erfindungen aller Zeiten ist das Smartphone. Disruption ist ein Prozess, bei dem ein bestehendes Geschäftsmodell oder ein gesamter Markt durch eine stark wachsende Innovation abgelöst beziehungsweise „zerschlagen" wird. Jenseits ökonomischer Verhältnisse bedeutet Disruption ebenfalls:

Man muss alles in Frage stellen. Es ist Blödsinn zu denken, dass von der Vergangenheit in die Zukunft hinein eins zu eins weiter zu denken ist/weitergedacht werden kann.

---

[136] Quelle: https://www.kurt-georg-scheible.de/glossar/disruption

Nassim Nicholas Taleb erzählt in seinem Buch „Der Schwarze Schwan"[137] eine eindrückliche Geschichte: Das Leben eines Truthahns ist recht konstant und durch einen klaren Tagesablauf gekennzeichnet. Von Geburt an wird er jeden Tag gefüttert. Und tagtäglich betrachtet der Truthahn zufrieden den vorherigen Tag. Aus der rückwärtsgewandten Betrachtung folgert er schließlich, dass der kommende Tag noch besser sein wird. Und so wird er Tag für Tag größer und fetter. Und nichts scheint das Leben des Truthahns zu erschüttern. Und dann kommt Thanksgiving. Und die Hand, die ihn fütterte, ist die Hand, die ihn schlachtet. Das ist Disruption.

Das schlicht Undenkbare. Das geschieht auch heute – und nicht nur bei Paulus[138]. Paulus geht aus dem für ihn schlicht undenkbaren Damaskus-Ereignis gestärkt hervor: Völker-Apostel zu sein, zeigt seine „Antifragilität"[139] – Paulus kann aufgrund eines belastenden Ereignisses (der Wut auf die Messias-Gläubigen) über sich selbst hinauswachsen.

In Zeiten der Digitalisierung sind disruptive „Damaskus-Ereignisse" keine Seltenheit. Wir müssen auf jeden Fall mit ihnen rechnen. Disruption kann vorkommen. Es ist keine seltene Ausnahme. Disruption – das Undenkbare –, wo entdecken wir es im eigenen Leben? Worin? Worin und wodurch geschieht uns Undenkbares? Ganz existentiell.

---

[137] Nassim Nicholas Taleb; Der Schwarze Schwan. Die Macht höchst unwahrscheinlicher Ereignisse, S. 88 – 89. Und Nassim Nicholas Taleb; Antifragilität, S. 140 – 141.
[138] Paulus geht aus dem Damaskus-Ereignis letztendlich gestärkt hervor. Ein Völker-Apostel zu sein, bringt seine „Antifragilität" zum Ausdruck.
[139] Nassim Nicholas Taleb; Antifragilität, S. 70.

2.3.2. Was hat Paulus erlebt? Und wie sieht und begreift er das?

Lukas hat das Damaskus-Ereignis des Paulus legendenhaft ausgeschmückt und dramatisch geschildert. Das entspricht dem „Richtungssinn"[140] der Apostelgeschichte: Ein Völkerapostel bei den (nicht-jüdischen) und von Rom unterjochten und ausgebeuteten Völkern[141] zu sein, ist ausdrücklich von Gott gewollt. Paulus selbst macht nur spärliche Angaben. Zu fokussieren ist deshalb weniger auf sein psychologisches Erleben als vielmehr auf seinen Anti-Imperialismus. Seine Briefe stehen „in der Tradition der romkritischen apokalytischen Texte"[142] und „sind Teil seiner anti-imperialen Gegenstrategie, die darauf abzielt, die von Rom besiegten Völker und Kulturen in einer neuen horizontalen Solidarität von unten zu verbinden"[143]. Das ist Paulus. Das will er – unbedingt und auf alle Fälle. Komme, was da wolle!

Das Damaskus-Ereignis ist deshalb ein hervorragendes Beispiel für Disruption. Paulus erlebt: Statt pharisäischem Eifer - jetzt: die messianische Zeit. Das ist kein „Bruch"[144] und ein Religionswechsel[145] schon gar nicht; das ist Disruption: Angesichts des endzeitlichen Heilshandelns Gottes in Jesus Christus wird Paulus aus seiner angestammten religiösen Überzeugung

---

[140] Martin Dibelius; Aufsätze zur Apostelgeschichte, S. 110.
[141] Weitverbreitet - und abfällig - als Heidenmission tituliert.
[142] Lukas Bormann; Die Radikalität des Paulus. In: Rosenzweig Jahrbuch/Rosenzweig Yearbook 4, S. 155.
[143] Brigitte Kahl & Jan Rehmann; Warum Paulus für die Linke(n) von Bedeutung ist, S. 42. Quelle: https://www.zeitschrift-luxemburg.de/messianische-solidaritaet/
[144] Gegen Eve-Marie Becker; Die Person des Paulus. In: Oda Wischmeyer (Hrsg.); Paulus. Leben-Umwelt-Werke-Briefe, S. 137.
[145] Ebd.

„herausgerissen"[146]. Damit „verliert"[147] seine pharisäische Grundhaltung vollständig ihre Funktion und Bedeutung. Aus dem Pharisäer Paulus wird ein Apostel Jesu Christi. „Paulus hatte also weniger eine neue Religion, sondern eine endzeitliche Mission im Sinne einer persönlichen Beauftragung durch Gott"[148]. Seine Glaubensüberzeugung trägt „apokalyptisch-universale Züge"[149]. Mit einem Wort: Deshalb nennt er sich seitdem selbst einen Apostel[150]:

- „Παῦλος κλητὸς ἀπόστολος Χριστοῦ Ἰησοῦ διὰ θελήματος θεοῦ" (1 Kor 1,1)

- „Παῦλος δοῦλος Χριστοῦ Ἰησοῦ, κλητὸς ἀπόστολος ἀφωρισμένος εἰς εὐαγγέλιον θεοῦ" (Röm 1,1)

- „Παῦλος ἀπόστολος οὐκ ἀπ' ἀνθρώπων οὐδὲ δι' ἀνθρώπου ἀλλὰ διὰ Ἰησοῦ Χριστοῦ καὶ θεοῦ πατρὸς τοῦ ἐγείραντος αὐτὸν ἐκ νεκρῶν" (Gal 1,1)

Ich fasse zusammen:

Die Welt geriet ihm gewaltig aus den Fugen. Das war nicht nur ein Erdbeben. Der Boden war weg. Er erlebte sich durch das Damaskusereignis in eine andere Zeit hinein katapultiert: in die messianische Zeit, d.h. „nicht in eine andere bessere Religion, sondern in den direkten Wirkungsbereich Gottes"[151] hinein. Denn „in einer für Paulus messianisch qualifizierten Zeit, tritt

---

[146] Oda Wischmeyer; Die Religion des Paulus. Eine Problemanzeige. In: Dies.; Von Ben Sira zu Paulus, S. 326.
[147] So Oda Wischmeyer; Die Religion des Paulus. Eine Problemanzeige. In: Dies.; Von Ben Sira zu Paulus, S. 326.
[148] Ebd., S. 327.
[149] Ebd.
[150] Paulus bezeichnet sich selbst als Apostel (Röm 1,1; Röm 1,5; Röm 11,13; 1Kor 1,1; 1Kor9,1-2; 1Kor15,9; 2Kor 1,1; 2Kor12,12; Gal 1,1; Gal 2,8) und nimmt für sich in Anspruch, ein Augenzeuge Christi und von ihm Bevollmächtigter zu sein.
[151] Oda Wischmeyer; Die Religion des Paulus. Eine Problemanzeige. In: Dies.; Von Ben Sira zu Paulus, S. 326.

die Offenbarung Gottes in Christus auf den Plan"[152]. Das war keine einfache Unterbrechung seiner pharisäischen Gesinnung; das war eine Disruption: „Paulus zielt in der Tat auf Überwindung, aber auf die der menschlichen Geschichte überhaupt. Er erwartet nicht ein geschichtliches und deshalb notwendig partikulares Christentum, keine neue Religion, sondern eine neue, verwandelte Menschheit am Ort ihrer himmlischen Heimat."[153] Ich fasse es in einem völlig anderen Sprachspiel zusammen: Das ist weniger ein neues Toolset als vielmehr ein völlig anderes „Mindset"[154]. Schon seit Paulus - und nicht erst seit heute - erleben wir in disruptive Zeiten. Paulus hat also nicht die Religion gewechselt[155] und das Judentum seiner Zeit verlassen. Paulus bleibt Jude – zeitlebens[156]. Er wird „nicht ‚Christ', sondern eben ἀπόστολος Ἰησοῦ Χριστοῦ"[157]. Er konvertierte nicht[158] vom pharisäischen Judentum zu einer neuen und besseren Religion – dem Urchristentum. Nein!! Er fühlte sich gedrängt und herausgefordert und gerufen in „eine endzeitliche Mission im Sinne einer persönlichen Beauftragung durch Gott"[159]. Paulus ist unerschütterlich davon überzeugt, „in die direkte endzeitliche Geschichte Gottes mit den Menschen, die

---

[152] SUSANNE GALLEY; Vom mißglückten Versuch, das Judentum zu universalisieren: Paulus als jüdischer Denker. In: Zeitschrift für Religions- und Geistesgeschichte Bd. 55, Nr. 3 (2003), S. 193-204. Hier S. 201.

[153] Ekkehard W. Stegemann; Paulus und die Welt. In: Online-Extra Nr. 32. Quelle: https://www.compass-infodienst.de/index.php?id=1170&type=98

[154] Bernhard von Mutius; Disruptive thinking. Das Denken, das der Zukunft gewachsen ist, S. 12.

[155] Im Unterschied zu Eve-Marie Becker; Die Person des Paulus. In: Oda Wischmeyer (Hrsg.); Paulus. Leben-Umwelt-Werke-Briefe, S. 137.

[156] G. Theißen; Die Religion der ersten Christen. Eine Theorie des Urchristentums, S. 314.

[157] Oda Wischmeyer; Die Religion des Paulus. Eine Problemanzeige. In: Dies.; Von Ben Sira zu Paulus, S. 326: 2 Kor 11,22 und Röm 11,1f.

[158] Im Unterschied zu Günter Brutscher: „klassische" Konvertitenbiographie.

[159] Oda Wischmeyer; Die Religion des Paulus. Eine Problemanzeige. In: Dies.; Von Ben Sira zu Paulus, S. 327.

mit der Auferstehung Christi begonnen hatte, und als deren Zeuge er sich seit dem ‚Damaskuserlebnis' verstehen mußte, hineingenommen"[160] worden zu sein. Das machte ihm alles auf's Äußerste dringlich. Das machte ihn rastlos. Er befindet sich – als Apostel - „ausgesondert"/ ἀφωρισμένος (Röm 1,1) und das heißt: mitten hineinversetzt in das, was er als „ho nyn kairos"/"οὕτως οὖν καὶ ἐν τῷ νῦν καιρῷ λεῖμμα κατ' ἐκλογὴν χάριτος γέγονεν·"/ " Genauso ist es auch jetzt! zu diesem Zeitpunkt: Es sind wenige übrig geblieben, ausgewählt durch göttliche Zuwendung."[161] Was Paulus mit diesen Worten artikuliert ist die „Jetztzeit".[162] Damit meint er zweifelsfrei die messianische Zeit – als die Zeit, die (ihm/uns noch) bleibt. Und diese Zeit ist knapp (bemessen):

„Die Zeit ist kurz." (1 Kor 7, 29/Einheits)

„Die Zeit ist zusammengedrängt." (1 Kor 7, 29/Münchener NT)

„Die Zeit gerät aus den Fugen." (1 Kor 7, 29/BigS)

Mit diesem Bild fasst Paulus sein neues Mindset kurz und prägnant zusammen.

2.3.4. Exkurs: messianische Zeit

Paulus benutzt für das, was er die messianische Zeit nennt, eine wunderbare Metapher: „Τοῦτο δέ φημι, ἀδελφοί, ὁ καιρὸς συνεσταλμένος ἐστίν" (1 Kor 7,29). · Die messianische Zeit „ist die Zeit, die die Zeit benötigt, um zu Ende zu gehen"[163].

---

[160] Ebd.

[161] Röm 11,5 (BigS).

[162] Walter Benjamin; Über den Begriff der Geschichte. In: GS I/2, S. 703. Es heißt in Röm 11,5: „οὕτως οὖν καὶ ἐν τῷ νῦν καιρῷ λεῖμμα κατ' ἐκλογὴν χάριτος γέγονεν·"/ „Genauso ist es auch jetzt! zu diesem Zeitpunkt: Es sind wenige übrig geblieben, ausgewählt durch göttliche Zuwendung." (BigS). Rezipiert in Giorgio Agamben; Die Zeit, die bleibt. Ein Kommentar zum Römerbrief, S. 77.

[163] Giorgio Agamben; Die Zeit, die bleibt. Ein Kommentar zum Römerbrief. 2000, S. 81.

Zusammengedrängt, verkürzt, gerefft. Die Zeit wird wie ein Segel gerefft und eingeholt. Luise Schottroff übersetzt: „Die Zeit gerät aus den Fugen."[164] Betrachten wir die Lebensumstände der AdressatInnen der Paulus-Briefe im Kontext des römischen Reiches, dann geht es mit dem Zu-Ende-gehen der Zeit um die Beendigung der Gewalt in ihrem Alltag mit seinen ganz konkreten und unfassbar brutalen Lebensumständen: „Gott entmachtet jede Herrschaft, Gewalt und Macht."[165] Das meint – sehr präzise und genau - das Ende der römischen Nekropolitik. Die messianische Zeit als Zeit, die die Zeit benötigt, um zu enden, wird als Beendigung der aktuellen, unsäglichen Leidens-Zeit ganzer Bevölkerungen durch imperiale Gewalt, rücksichtlose Ausbeutung und lebenslange Versklavung ersehnt und gewertet. Paulus ist und bleibt insofern ein Apokalyptiker. „Paulus ist nur als ein Apokalyptiker zu verstehen."[166]

Paulus ist gegen jegliche noch so beharrlich „christliche" Auslegungen bzw. ganze Auslegungstraditionen exakt in diesem messianischen Kontext seiner Zeit zu verorten. Er ist vom

[164] 1 Kor 7, 29 in der Übersetzung von Luise Schottroff in BigS, 4. erweiterte und verbesserte Auflage 2011.

[165] Luise Schottroff; Der erste Brief an die Gemeinde in Korinth, S. 22.

[166] Ekkehard Stegemann in einem Interview. Quelle: https://reformiert.info/de/schwerpunkt/lmanchmal-kann-auch-ich-paulus-nicht-rettenr_0-16063.html. Ebenso eindrücklich: Otto Kuss; Die Rolle des Apostels Paulus in der theologischen Entwicklung der Urkirche. In: MThZ 14 (1963), 53: „Paulus ist ein Jude seiner Zeit, und das heißt auch: er steht unter dem Einfluß der apokalyptischen Strömungen des zeitgenössischen Judentums, … Paulus macht sich bestimmte für die Apokalyptik charakteristische Vorstellungen über das Kommende, über das Ende der Welt, das Gericht und die zu erwartende Vollendung zu eigen; er entwirft, wie apokalyptische Schriften das zumeist auch tun, ein Bild von der Geschichte als einer auf einen nicht mehr gefälludeten End- und Vollendungszustand gerichteten Heilsgeschichte, und er müht sich, all das in der Verarbeitung seiner Grunderkenntnis von der endgültigen Heilszuwendung durch Jesus Christus zu neuer Klarheit zu bringen. Die Erwartung, daß das Ende unmittelbar bevorsteht, erfüllt ihn ganz". Ebenso Martin Hengel.

„Geschichtsbild der Apokalyptik"[167] zutiefst geprägt. Die apokalyptische Äonenvorstellung stellt uns einen Verstehens-Rahmen zur Verfügung. Diese Welt und dieses Denken mit seinen mythologischen Vorstellungen[168] ist uns fremd. Wir leben in keiner messianischen Zeit. Aber wir haben ihre Bilder dringend nötig. Ein typisches Beispiel einer paulinischen Vision ist 1 Kor 15, 20 - 28:

„[20]Jetzt aber ist der Messias von den Toten aufgeweckt worden – als Beginn des Lebens für die Verstorbenen [21]Denn da durch einen Menschen der Tod kam, bringt auch ein Mensch die Auferstehung der Toten. [22]Wie wir nämlich alle sterben, weil wir wie Adam sind, so werden wir auch alle in christos Christus lebendig gemacht werden, [23]alle aber, wie Gott es ihnen zumisst. Christus ist der Beginn; alle die zu Christus gehören, werden in seiner Gegenwart lebendig. [24]Die Vollendung geschieht, wenn der Messias seine basileia Macht Gott, seinem Ursprung übergibt. Gott beendet damit alle Herrschaft, alle Gewalt und alle Macht. [25]Der Messias soll nämlich basileia Macht ausüben, bis Gott ihm alle diese feindlichen Mächte unter seine Füße wirft. [26]Der letzte Feind, der seine Macht verliert, ist der Tod. [27]Alles hat Gott ja unter die Füße des Messias getan. Wenn es aber heißt, alles wird entmachtet, so ist klar, dass gemeint ist: außer Gott, denn Gott hat Christus alles übergeben. [28]Wenn dem Messias alles unterworfen sein wird, dann wird auch der Sohn selbst alle Macht Gott übergeben, da Gott dem Messias alle Mächte unterwarf. So wird theos Gott alles in allem sein*."[169]

---

[167] Rudolf Bultmann; Geschichte und Eschatologie, S. 47.
[168] Vgl. Luise Schottroff; „Am dritten Tage auferstanden von den Toten". Quelle: https://www.eaberlin.de/nachlese/chronologisch-nach-jahren/2010/grosse-resonanz-auf-die-3-feministische-sommerakademie/luise-schottroff-auferstehung-2010.pdf
[169] 1 Kor 15,20–28 (BigS rev.)

Wir brauchen diese Bilder für unsere Sehnsucht und für unsere Hoffnung und den Wunsch nach Gerechtigkeit für alle Opfer dieser Geschichte - über ihren Tod hinaus.

Wir müssen das, was Paulus möglicherweise widerfahren ist, übersetzen und interpretieren. Uns ganz praktisch „vor dem Text"[170] selbst verstehen. Wir dürfen dabei nicht vergessen, wie die damaligen Gemeinden (ekklesia) vermutlich durch die Umstände ihrer Zeit sich bedrängt und überfordert fühlten. Daher die Konflikte und Auseinandersetzungen und das ganze Ringen und Streiten. Unentwegt musste sich Paulus legitimieren. Die Konflikte werte ich als Ausdruck und Symptom der (religiösen/weltanschaulichen) Disruption. Die Gemeinden konnten „sich mit der personal und apokalyptisch gefärbten Verkündigung des Paulus, die seine Religion, das Judentum, übersteigt, nicht begnügen"[171]. Er war selbst überfordert mit dem, was ihm geschehen war. Und er hat die Gemeinden — in seinem „Über-Eifer" und mit seiner Vision[172] – ebenfalls überfordert. Paulus spricht an diesem Punkt von der „ἐκκλησίᾳ τοῦ θεοῦ" (1 Kor 10,32), der Kirche Gottes – als dem Disruptiv-Neuen. Das heißt: Paulus wollte keine neue Religion etablieren. Seine missionarische Tätigkeit, vor allem bei den „Völkern", darf nicht – auf gar keinen Fall!! - als „Reformation des jüdischen Glaubens"[173] betrachtet werden. Paulus darf nicht als Luther begriffen werden.

---

[170] Paul Ricoeur; Eine intellektuelle Autobiografie. In: ders.; Vom Text zur Person Hermeneutische Aufsätze (1970 – 1999), S. 50. Und Paul Ricoeur; Philosophische und theologische Hermeneutik. In: Ricoeur & Jüngel; Metapher, S. 33.
[171] Oda Wischmeyer; Die Religion des Paulus. Eine Problemanzeige. In: Dies.; Von Ben Sira zu Paulus, S. 328.
[172] Vgl. Luise Schottroff; „Am dritten Tage auferstanden von den Toten". Quelle: https://www.eaberlin.de/nachlese/chronologisch nach jah ren/2010/grosse-resonanz-auf-die-3-feministische-sommerakademie/luise-schottroff-auferstehung-2010.pdf
[173] Michael Zick. Quelle: https://www.wissenschaft.de/geschichte-archaeologie/paulus-der-erfinder-des-christentums/

Paulus vor Damaskus war „Disruptive Thinking"[174]. Die geschichtliche Wirkung war bei Paulus und den Gemeinden allerdings eine andere. Keineswegs disruptiv. Die Naherwartung hatte sich nicht erfüllt. Die Parusie blieb weiterhin aus. Man kann deshalb sagen: Durch Paulus wurde kein Grundstein für eine „neue" Religion gelegt. Das war nicht seine Absicht. Schließlich blieb in der „Zeit, die bleibt"[175] einfach keine Zeit mehr. Ein Netzwerk aus verstreuten Hausgemeinden messiasgläubiger Menschen ist keine neue Religion. Ein Netzwerk aus verstreuten Hausgemeinden macht vielmehr Religion überflüssig. Sie brauchten keine religiösen = patriarchalen Vermittler zum Unsichtbaren. Im Netzwerk der Hausgemeinden wurde das Religiöse schon entzaubert und unterdrückerische Beziehungen nach patriarchalem Familienmuster aufgelöst. Die in den Hausgemeinden etablierten Verhaltensmuster „der Gegenseitigkeit und der Geschwisterlichkeit"[176] sind keine Religion und brauchen keine Religion.

2.3.5. Das Damaskus-Ereignis – Versuch einer Interpretation

"Apostel – das heißt zunächst: Ich bin nichts, was ihr kennt. Kein Prophet, kein Philosoph, kein Weiser, kein Lehrer, kein Jünger, keine Amtsperson und kein Funktionär, kein Repräsentant, kein Delegierter, kein Würdenträger. ... Was das Wort Apostel hier bedeutet, läßt sich eben nur aus dem Ereignis herleiten, das ihm vorausgeht. Dieses Ereignis stürzte Paulus in den Selbstverlust - Apostel."[177] Apostel zu sein - das ist eine paulinische Selbstbezeichnung / Selbsttitulierung in für uns

---

[174] Bernhard von Mutius; Disruptive Thinking: Das Denken, das der Zukunft gewachsen ist. 2017.

[175] Giorgio Agamben; Die Zeit, die bleibt. Ein Kommentar zum Römerbrief. 2000.

[176] Luise Schottroff; Lydias ungeduldige Schwestern, S. 308 – 323. Hier S. 308.

[177] Christian Lehnert; Korinthische Brocken. Ein Essay über Paulus, S. 16-17.

fremden Briefen eines Menschen aus dem Altertum zur Zeit der Römer, also aus einer für uns überaus fernen Zeit. Die Distanz zu uns ist gewaltig groß. Das darf nicht ausgeblendet werden[178]. In einer Zeit ohne Internet und Handy, ohne Whatsapp und Email waren in der Antike nur das Reisen und der Brief die beiden Möglichkeiten über große Entfernungen hinweg in Kontakt bleiben zu können. Daran ist zu erinnern: An „die Andersartigkeit seiner Situation, die Andersartigkeit seiner Probleme, die Andersartigkeit seiner »Lösungen« - wenn man es einmal ganz genau nimmt. Es gibt eine Fülle von Einzelzügen im Leben und im Werk des Apostels, die uns eindrucksvoll diese seine »Fremdheit« demonstrieren".[179] Paulus ist – wie Jesus auch – kein alter Bekannter. Seine Bekanntheit ist Ausdruck unserer Hörgewohnheiten. Das ist nicht Paulus. Wir kennen heute keine Apostel. Apostel – das Wort formuliert in seiner damaligen (und heutigen) Fremdheit[180] keinerlei „Kontinuität zu religiösen Institutionen, Mythen oder philosophischen Weltbeschreibungen"[181]. Etwas (völlig) Neues ist hervorgekommen. Paulus war vollständig überrascht. „Ich finde, genau daran erkennt man auch am besten die wahren Disruptionen, an diesem Aha-Moment, der Überraschung, dass eine so viel bessere Lösung all die Jahre scheinbar so nah direkt vor unserer Nase lag"[182]. Von keinem anderen wurde das Disruptive des Paulus so klar und deutlich gesehen und gewürdigt, wie von Friedrich

---

[178] Vgl. Christine Gerber; Paulus, Apostolat und Autorität oder vom Lesen fremder Briefe. 2012.

[179] Otto Kuss; Die Rolle des Apostels Paulus in der theologischen Entwicklung der Urkirche. In: MThZ 14 (1963), S. 39.

[180] Bis heute ist ἀπόστολος /Apostel ein griechisches Fremdwort im Lateinischen wie im Deutschen geblieben. Weitere Belege zur Fremdheit des Paulus als Apostel bei Christian Lehnert; Korinthische Brocken. Ein Essay über Paulus, S. 15-16.

[181] Ebd., S. 17.

[182] Quelle: https://paymentandbanking.com/disruption-wasn-das/

Nietzsche. Auch er ist ein herausragendender Disruptor. Er teilt in einem Brief an Heinrich Köselitz[183] mit, wie er selbst das Erkennen seiner Gedanken erlebt hat. Er interpretiert und beschreibt später das Damaskuserlebnis des Paulus auf dem Hintergrund seiner eigenen Inspirationserlebnissen: „Man hört, man sucht nicht; man nimmt, man fragt nicht, wer da giebt; wie ein Blitz leuchtet ein Gedanke auf, mit Nothwendigkeit, in der Form ohne Zögern, - ich habe nie eine Wahl gehabt."[184]. Paulus hat es erfahren. Das völlig Undenkbare. Es verschlägt ihm die Sprache. Es fehlen ihm die Worte. Das Sprechen hört auf. Und mit seinem Sprechen auch sein bisheriges theologisches Wissen – vorallem sein sicher geglaubtes Bescheid-Wissen. Eine „Entselbstung"[185] - so die gewöhnungsbedürftige und doch sehr präzise Terminologie R. Ottos für das, was heute Disruption genannt werden kann. Der Gekreuzigte ist der Messias. Das ist eine (theologische) Disruption![186] Diesen Funken gab es längst schon bei den (vorpaulinischen) Messiasgläubigen; er war bekannt und geglaubt; bei Paulus aber ist er eingeschlagen und hat gezündet. Er ist jetzt Apostel Jesu Christi – des Gekreuzigten. Sein pharisäisches Judentum implodierte ihm. Paulus wird ein Apostel, ein Völkerapostel, und (deshalb werden) unter

---

[183] Daniel Havemann; Der ‚Apostel der Rache'. Nietzsches Paulusdeutung. 2002, S. 116 Anm. 76.

[184] F. Nietzsche; Ecce Homo. Wie man wird, was man ist, Also sprach Zarathustra 3 = Werke III, S. 1131.

[185] Rudolf Otto; Mystische und gläubige Frömmigkeit, S. 144.

[186] Das Konstrukt „Disruption" wurde 1997 von C. Christensen entwickelt. Bekannte Namen sind C. Otto Scharmer und Bernhard von Mutius: „Disruptive Thinking heißt, die Dinge drehen". Oder auch Christoph Keese: „Hüten sie ihr Gernervtsein wie einen Schatz. Weil das ist die disruptive Ernergie. Und erraten sie den wahren Kundenwunsch. Was wir wirklich wollen." (Quelle: https://www.youtube.com/watch?v=TjUI1-capxI)
Auch Nietzsche – er hat es bei Paulus klar gesehen -, dass Paulus ein disruptiver Innovator ist. Ein disruptiver Prototypus in heutiger Zeit ist unübersehbar: Elon Musk.

dem Vorzeichen der messianischen Zeit alle Menschen gleich. Das gilt universal (und ist nicht nur für Beschnittene als Option lebbar). „Die Produktion von Gleichheit, die gedankliche Außerkraftsetzung von Differenzen, sind die materiellen Zeichen des Universalen." [187] Das ist die Damaskus-Disruption: Eine existentiell tiefgreifende Veränderung. Paulus hat es schmerzlich erfahren. Sein Damaskus-Erlebnis hat ihm kein zusätzliches Wissen vermittelt, sondern ein neues „Mindset"[188]. Denn auch für Paulus gilt: „Anders gesagt, es gibt kein wirklich erlösendes Wort, das man schon einmal gehört hat."[189] Das gilt für Paulus wie für alle „Streber"[190] dieser Welt: „Die Auferstehung Christi ist weder ein Argument noch eine Erfüllung."[191] Und schon gar keine (neue) Religion mehr. Paulus wird zu einem Juden ohne Religion. Reiligion hatte sich für ihn (vor Damaskus) erledigt. Das war unableitbar neu. Geradezu singulär. Damit hatte Paulus nicht gerechnet. „Letztlich ist die Auferstehung nichts als eine mythologische Behauptung."[192] Das Damaskus-Ereignis – der auferstandene Christus – hat (ihm und uns) Religion/institutionelle Religion überflüssig gemacht. Etwas – nicht nur zur damaligen Zeit – völlig Unvorstellbares und ein geradezu nicht Denkbares. Das ist Paulus aufgegangen. Diese Disruption/dieses disruptive Denken war sein Austritt aus der Religion des pharisäischen Judentums – heute wissen wir: aus jeglicher Religion. Paulus – das war ein „Fortschritt auf

---

[187] Alain Badiou; Paulus. Die Begründung des Universalismus, S. 133.
[188] Siehe Bernhard von Mutius; Disruptive Thinking: Das Denken, das der Zukunft gewachsen ist. 2017, S. 12.
[189] Bruno Latour; Jubilieren. Über religiöse Rede, S. 101.
[190] Peter Strasser; Wie es ist, ein Philosoph zu sein: Strebers Erzählungen, S. 221–241.
[191] Alain Badiou; Paulus. Die Begründung des Universalismus, S. 64.
[192] Ebd., S. 131.

dem Weg zum Austritt aus der Religion"[193]. Das Damaskus-Ereignis als theologische Disruption bedeutet für jegliche Gottteslehre: „Gott selbst musste aus dem Religiösen ausbrechen. ... Gott verlässt das Religiöse in eben dem Moment, als Christus stirbt"[194].

Das ist „Disruptive Thinking"[195]! Wenn man eine völlig andere und neue Welt – denken und für möglich halten kann.

Deshalb ist die Botschaft vom gekreuzigten Messias für die römischen Macht-Verhältnisse so gefährlich. Dieses politische Veränderungspotential erschließt sich nicht sofort. Nicht durch Wissen oder Nachdenken oder Begreifen, sondern durch entschiedenes Tun. Es ist eine Möglichkeit, die Lebensumstände unterdrückter Menschen und ganzer Völker im römischen Imperium nachhaltig zu verändern. Das war ursprünglich keine Intention für einen pharisäischen Juden wie Paulus. Erst die disruptive Wirkung des Damaskus-Ereignisses hat ihm die Vorstellung einer messianischen Zeit eröffnet. Einen völlig neuen Horizont universaler Gleichheit / Gleichberechtigung. Das gab es für ihn vorher nicht. Jetzt war genau das - auf einen Schlag - seine leibhaftige Gegenwart. „Disrupt yourself!" heißt der neue Imperativ. Höre auf, in Mustern aus der Vergangenheit heraus weiter zu agieren! Das war für Paulus handlungsleitend. Deshalb: Ich, Paulus – (bin jetzt) der Apostel. Paulus ist ein Parade-Beispiel für religiöse Disruption - mit einer unglaublichen Fernwirkung bis heute. Paulus hatte eine geniale Einsicht: „Wir sind der blinde Fleck der Schöpfung, der die Finsternis der Welt erhellt."[196] Der blinde Fleck ist das (männliche)

---

[193] Thierry de Duve; Auf, ihr Menschen, noch eine Anstrengung, wenn ihr post-christlich sein wollt!, S. 29.
[194] Ebd., S. 51.
[195] Bernhard von Mutius.
[196] Peter Strasser; Wie es ist, ein Philosoph zu sein: Strebers Erzählungen, S. 33.

Siegen-müssen - bis zum heutigen Tag. Das heißt in paulinischer Perspektive: Die messianische Zeit dauert an. Noch
(heute immer) wird die Zeit wie ein Segel gerefft. An dieser
Stelle ragt die Fremdheit des Paulus in unsere Zeit hinein. Paulus „ist unser fiktiver Zeitgenosse"[197].Wir befinden uns immer
noch mitten in der Vision des Paulus. Sie ist weder eingeholt
noch erledigt. Vielleicht ist an dieser Stelle eine andere Metapher hilfreich, wenn wir nicht mehr von messianischer Zeit
sprechen wollen: „Wir sind am Grund einer Hölle, von der jeder Augenblick ein Wunder ist."[198] Dieses Bild wirft neues Licht
auf Paulus. Er ist kein gewalttätiger Fanatiker oder Fundamentalist heutiger Zeit. Seine Briefe sind keine religiös motivierten
Brandbeschleuniger. Seine (theologische) Position, zu der er
aufgrund des Damaskus-Ereignisses gekommen ist, ist uns zunächst einmal ganz und gar fremd.

Das wirft Fragen auf: Was hat mir ein fremder Paulus mit seinen fremden Briefen (noch) zu sagen? Und wie sind diese „Ge-
legenheitstexte"[199] politisch zu buchstabieren und existentiell
zu übersetzen?

Die entscheidende Frage an uns: Wie bin ich im eigenen (tradi-
tionellen) Denken gefangen? Worin genau? Welche Inhalte
nehmen mich gefangen?

Sich selbst spirituell hinterfragen heißt, das Offensichtliche, Ge-
wohnte und Gewisse in Glaubensfragen in Zweifel zu ziehen.
Und darauf verzichten zu können, reflexartig „Religion mit
Höhe zu verbinden"[200].

Wir haben uns damit weit entfernt von den „altbekannten"
Ostererscheinungen, Visionen und Halluzinationen (oder

---

[197] Alain Badiou; Paulus. Die Begründung des Universalismus, S. 49.
[198] E. M. Cioran; Die verfehlte Schöpfung, S. 126.
[199] Alain Badiou; Paulus. Die Begründung des Universalismus, S. 43.
[200] Bruno Latour; Jubilieren, S. 53.

Himmelsreisen[201]) oder Epileptischen Anfällen als Möglichkeiten das paulinische Damaskus-Erlebnis beschreiben und begreifen zu wollen. Jetzt bin ich bei meiner eigenen Sprachlosigkeit und meiner wissen wollenden Offenheit gelandet. Und bei Christus, dem Gesalbten, dem Messias. Denn Paulus hat ja den „Apostel" mit dem „Messias" verknüpft. Was bitte schön ist ein Messias?

2.4. Was versteht Paulus unter dem Messias?

Für Paulus war Jesus der Messias (Χριστός = der Gesalbte). Mit dieser Zuschreibung hat er den Rahmen jüdischer Vorstellungen keineswegs gesprengt. Paulus hat Jesus nicht vergöttlicht. Ein „Messias" ist weniger eine einzelne Person. „Messias" ist eine Verkörperung. Ein Messias verkörpert mit Leib und Leben göttliches Handeln in der Welt. „Für ihn ist es kein Name, wenn Paulus Christus / Messias sagt, spricht er von Gottes Gegenwart, die die Menschen aus der Sklaverei der Todesstrukturen befreit."[202] Deshalb ging es Paulus als dem selbsternannten Apostel auch nicht um die Begründung einer Kirche oder einer neuen Religion, „sondern darum, die Befreiung von der Sklaverei des Todes und der Sünde in der damaligen Welt ausbreiten zu helfen"[203]. Paulus war seit dem sog. Damaskus-Ereignis überwältigt und zutiefst durchdrungen von der Überzeugung, dass Gott den gekreuzigten Jesus vom Tode auferweckt hat und damit den Todessstrukturen und der imperialen Gewalt (Roms) ein Ende gesetzt hat. Die Auferweckung des gekreuzigten Jesus markiert das definitive Ende männlichen Siegen-

---

[201] Vgl. A. Destro & M. Pesce; "Die Himmelsreise bei Paulus. Eine ‚religiöse' Praktik der antiken Welt", in Wolfgang Stegemann – Richard E. DeMaris (hrsg.), Alte Texte in neuen Kontexten. Wo steht die sozialwissenschaftliche Bibelexegese?, Stuttgart, Kohlhammer, 2015, 315-332.
[202] Luise Schottroff; Der erste Brief an die Gemeinde in Korinth, S. 10.
[203] Ebd.

müssens. Seitdem hat die messianische Zeit begonnen[204]. Wir sollten deshalb von „Gerechtmachung"[205] sprechen und weniger von Rechtfertigung. Die traditionelle Rechtfertigungslehre greift zu kurz. Weniger persönliches Versagen, sondern vielmehr strukturelle Gewalt, die den Tod bringt für völlig Unschuldige. Und mit der messianischen Zeit hat auch die Völkerwallfahrt zum Zion begonnen (Röm 11,25f). Dieser Vision widmete Paulus sei Leben. Deshalb nannte er sich Apostel – gesandt zu den (nichtjüdischen) von Rom unterdrückten und ausgebeuteten Völkern. Er war „Völkerapostel". Deshalb kam es zu den Versammlungen und Gemeindegründungen: Der Gemeinde Gottes. Er versteht die Gemeinde „als Körper des Messias in dieser Welt"[206]. Die Gemeinde verkörpert mit allen Mitgliedern den Messias und handelt messianisch nach außen wie nach innen. Ihre Mitte sieht Paulus im Abendmahl. Die Gemeinde ist für ihn jetzt schon der Leib Christi.

Mit ganz konkreten Folgen. Deshalb[207]:

Wird durch die Gemeinde Gewalt öffentlich beim Namen genannt.

Wird durch die Gemeinde eine Gemeinschaft aufgebaut, in der sich Gottes Gerechtigkeit verwirklicht/verwirklicht wird.

Wird Sexualität wird aus ihrer Gewaltförmigkeit befreit.

---

[204] „Ein geknicktes Rohr wird er nicht zerbrechen und einen glimmenden Docht nicht auslöschen, bis er der Gerechtigkeit zum Sieg verholfen hat. Seinetwegen werden die Völker von Hoffnung erfüllt werden." (Mt 12,20-21) Zu dieser Stelle auch Luise Schottroff; „Am dritten Tage auferstanden von den Toten", S.3. Quelle: https://www.eaberlin.de/nachlese/chronologisch-nach-jahren/2010/grosse-resonanz-auf-die-3-feministische-sommerakademie/claudia-janssen-ulrike-metternildi-auferstehung 2010.pdf

[205] Marlene Crüsemann; Gott ist Beziehung, Beiträge zur biblischen Rede von Gott, S. 135.

[206] Luise Schottroff; Der erste Brief an die Gemeinde in Korinth, S. 11.

[207] Vgl. Ebd.

Werden die Armen die gleichen Rechte erhalten und die Privilegien der Reichen abgeschafft.

Hat die gleichrangige Würde für Frauen wie für Männer zu gelten.

Werden die ethnische Vielfalt und ihre Sprachen werden nicht zugunsten der Verkehrssprache Griechisch verschwiegen.

Ist die Gemeinde auch eine Alternative zur gängigen patriarchalen Familie und zur städtischen Volksversammlung.

Messias ist – zusammenfassend - kein Titel, sondern „das Handeln von Menschen, die gemeinsam Gerechtigkeit aufbauen"[208]. Der Friede Gottes kommt, nicht die pax romana. Wir brauchen diese Bilder und Vorstellungen für unsere Sehnsucht nach einer alle Menschen umfassenden Gerechtigkeit, für die Befreiung von brutaler Gewalt und ungerechtem Leiden und für unsere leise Hoffnung über alle Enttäuschungen und den Tod hinaus. Gegenüber dieser messianischen Hoffnung auf Gerechtigkeit (auch über den Tod hinaus) gibt es einen Vorbehalt und einen Einspruch:

1. „Und ich werde mich bis in den Tod hinein weigern, die Schöpfung zu lieben, in der Kinder gemartert werden."[209] So Rieux in „Die Pest".

2. „Es gibt keine Erlösung, solange es irgendwo noch ein Wesen gibt, das leidet", sagt Peter Strasser[210]. Die Front der (berechtigten) Einwände scheint endlos. Fragen wir uns deshalb selbst:

---

[208] Luise Schottroff; „Am dritten Tage auferstanden von den Toten", S. 1.
Quelle: https://www.eaberlin.de/nachlese/chronologisch-nach-jahren/2010/grosse-resonanz-auf-die-3-feministische-sommerakademie/claudia-janssen-ulrike-metternich-auferstehung-2010.pdf
[209] A. Camus: Die Pest. Roman (rororo 15). Ins Deutsche übertragen von G.G. Meister. Hamburg 1950, S. 129.
[210] In: Peter Strasser; Unschuld: Das verfolgte Ideal, S. 111.

„Was dürfen wir hoffen, wenn wir hoffen dürften?"[211] Welche Trost- und Hoffnungsbilder haben sich in unserem eigenen Leben bewährt? Haben wir selbst solche starken Bilder und halten wir das für möglich? Gibt es für uns noch Visionen? Und unstillbare Sehnsüchte? Haben wir (noch) Hoffnung? Ist das für uns (noch) glaubbar, dass „Gott die Wende der Zeiten"[212] herbeigeführt hat? Ist uns Gott die alles bestimmende und unhinterfragbar bleibende Wirklichkeit? Oder begnügen wir uns mit den „Mobilen Ansichten"[213] aus den Sozialen Netzwerke?

[211] Friedrich-Wilhelm Marquardt, Was dürfen wir hoffen, wenn wir hoffen dürften? Eine Eschatologie. Band 1 – 3.
[212] Udo Schnelle; Paulus, S. 420.
[213] Siehe die Verbandszeitschrift KSA "Kinderschutz aktuell", vom 3. Quartal 2019.

3. Paulus - seine Bedeutung für heute

Das Interesse in der Paulusforschung hat sich von der älteren Frage, was den originalen Paulus von den Pseudepigraphen unterscheidet, zur neueren Frage, wie „Paulus" in unserer heutigen Situation angemessen zur Sprache gebracht werden kann, verschoben. Mit Hilfe von vier Themen möchte ich die Bedeutung, die Paulus für uns heute haben könnte, entfalten. Weil in den Briefen des Paulus das zutiefst männliche Siegen-müssen disruptiert wird, steht für mich zunächst die paulinische Männlichkeitskonstruktion und seine Weiblichkeitskonstruktion zur Debatte.

3.1. Männlichkeitskonstruktion und Weiblichkeitskonstruktion

Die authentischen Briefe des Paulus sind keinesfalls pauschal als „unrettbar unterdrückerischer Texte"[214] zu disqualifizieren. Festzustellen ist allerdings, dass die Paulus-Rezeption des 2. Jahrhunderts unser heutiges Paulusbild weitaus stärker geprägt hat als die vielfach wertschätzenden Aussagen des historischen Paulus über Frauen. „Interessant für die heutige Rezeption der Texte des Paulus ist deshalb vor allem, wer sich auf welche Aspekte und Texte bezieht und welche theologische Autorität diesen für das heutige Miteinander der Geschlechter zugeschrieben wird."[215] Immer mit zu bedenken ist: Es geht um

---

[214] Gegen die entschiedene These von Elisabeth Schüssler Fiorenza; Gleichheit und Differenz. Gal 3,28 im Brennpunkt feministischer Hermeneutik. In: Berliner Theologische Zeitschrift 16 (1999), S. 212-231.

[215] Claudia Janssen; Frauen und Männer in den ersten christlichen Gemeinden – neue Einsichten aus der neutestamentlichen Exegese. Biblische Texte – genderbewusst verstehen, S. 10. Quelle: https://www.gender-ekd.de/images/sfg_JanssenVortragPullachFrauenundMnnerindenGemeinden12-10.pdf

Macht, um (beanspruchte) Deutungsmacht und die ganz praktische Machtverteilung im Geschlechterverhältnis zueinander.

3.1.1. Männerbilder

Das geläufige Bild des autoritären und starken Apostels Paulus ist ein Konstrukt. Es ist interessegeleitet. Paulus wird als Identifikationsfigur für patriarchale Leitungsstrukturen in den (späteren/heutigen) Kirchen gezeichnet und benutzt. Er wird instrumentalisiert. Seine persönliche Selbstdarstellung in den Briefen ist eine andere. In Bezug auf seine eigene Männlichkeit, seine körperliche Verfasstheit und die Inhalte seiner öffentlichen Reden, seine Rhetorik riskiert er einen Gegenentwurf zum zeitgenössischen Männlichkeitsbild im römischen Imperium. Wesentliche Merkmale „römischer" Männlichkeit waren:

Sie wird öffentlich zur Schau gestellt, nach außen gerichtet, in Gestalt eines als vollkommen gestylten männlichen Körpers, in Konkurrenz zu anderen erworben, zeigt sich durch Kontrolle und Herrschaft über andere (Frauen). Wir sprechen von „hegemonialer Männlichkeit"[216] mit seiner starken Betonung von persönlicher Freiheit und Dominanz über andere. Männlichkeit wurde weniger geschlechtsspezifisch definiert als vielmehr herrschaftsbezogen. D.h. auch sexuelle Beziehungen wurden im Verhältnis von Herrschaft und Unterwerfung gesehen. Wer diesen Kriterien hegemonialer Männlichkeit nicht entsprechen konnte, war ein „Nicht-Mann". Dazu gehörten Frauen, Sklaven und Barbaren, d.h. die Männer eroberter Völker. Sie wurden im Gegensatz zu römischen Männern oft körperlich kleiner oder feminisiert dargestellt.

---

[216] Frank Crüsemann & Kristian Hungar (Hrsg.); Sozialgeschichtliches Wörterbuch zur Bibel, S. 152-153.

„Gegenüber dieser »hegemonialen Männlichkeit« unterscheidet sich die Selbstdarstellung des Paulus in zentralen Aspekten – an anderen jedoch nicht...“[217]. Hören wir Paulus selbst: „[1]Als ich zu euch kam, Geschwister, trat ich auch nicht als glänzender Redner und Weisheitslehrer auf, um euch das Geheimnis Gottes zu verkünden. [2]Denn ich kam zu der Überzeugung, dass bei euch nichts so wichtig sei wie der Messias Jesus, und der als Gekreuzigter. [3]Ich kam zu euch in Schwäche und Furcht und mit großem Bangen. [4]Meine Rede und meine Botschaft bestanden nicht aus gewinnenden Weisheitsworten, sondern kamen aus der Erfahrung von Geist und gottgegebener Kraft. [5]So beruht euer Glaube nicht auf Menschenweisheit, sondern auf der Kraft Gottes“ (1 Kor 2,1-5)

Hinsichtlich der Inhalte öffentlicher Rede als auch hinsichtlich seiner körperlichen Verfassung spottete Paulus jeder Beschreibung. Inhaltlich steht er mit dem Gekreuzigten im gesellschaftlichen Abseits. D.h. auf der Seite der Opfer römischer Gewalt-Herrschaft. In seiner körperlichen Verfasstheit war sein Erscheinungsbild schwach und eher ängstlich. Hier spiegelt sich eine konkrete physische und psychische Notlage. Alles in allem präsentiert sich Paulus im Vergleich zum römischen Männer-Ideal als jemand, „der seine Schwäche und sein Leiden herausstelle und sein Schicksal mit dem Gekreuzigten identifiziere, geradezu als Personifikation der Unterlegenen“[218]. Paulus ist im zeitgenössischen antiken Kontext das Gegenbild zur Männlichkeit, die Männlichkeit durch Überlegenheit über andere, Gewalt und Herrschaft definiert. Das ist keine

---

[217] Claudia Janssen; Frauen und Männer in den ersten christlichen Gemeinden – neue Einsichten aus der neutestamentlichen Exegese. Biblische Texte – genderbewusst verstehen, S. 6. Quelle: https://www.gender-ekd.de/images/sfg_JanssenVortragPullachFrauenundMnnerindenGemeinden12-10.pdf
[218] Ebd., S. 8.

Selbsterniedrigungsrhetorik. Paulus beschreibt seine tatsächliche körperliche Schwäche in Abgrenzung zum antiken Männlichkeitsbild und in Solidarität mit den Erniedrigten der römisch-hellenistisch geprägten Gesellschaft seiner Zeit. Er hat ganz konkret Angst zu versagen und seinem Auftrag als Apostel nicht gewachsen zu sein. Das war mutig. Wurde er doch (deshalb) auch Gemeinde-intern in Frage gestellt.

[10]ὅτι αἱ ἐπιστολαὶ μέν, φησίν, βαρεῖαι καὶ ἰσχυραί, ἡ δὲ παρουσία τοῦ σώματος ἀσθενὴς καὶ ὁ λόγος ἐξουθενημένος / „Denn die Briefe, wird behauptet, wiegen schwer und sind voller Kraft. Dagegen sei die persönliche Erscheinung schwach und die Rede nichts wert." (2 Kor 10,10 BigS)

Das ist Paulus. Er nimmt kritisch Stellung zur herrschenden Männlichkeit. Er zeigt seine körperlichen Schwächen und steht zu ihnen in Angst und Zittern und macht, deutlich, dass er (stets auch) auf andere angewiesen bleibt. Ein schwacher, (chronisch-)kranker, möglicherweise behinderter Paulus, der nicht wirklich gut reden kann und auf das Wohlwollen derjenigen angewiesen ist, die ihm zuhören. Hier bricht Paulus alle gängigen Spielregeln römischer Männlichkeit und beschreibt sich – römischen Männlichkeitskonstruktionen gegenüber - als gänzlich „unmännlich". Die patriarchale/unterdrückerische Ordnung der Römer lehnt er ab. Sie hat (für ihn) – innergemeindlich und in den Hauskirchen - keine Geltung. Paulus gehört dezidiert zu den Kritikern an dem im römischen Imperium herrschenden Männlichkeitsbild.

3.1.2. Frauenbilder

Bedeutet die Ablehnung hegemonialer Männlichkeitsvorstellungen, die Männlichkeit als Beherrschung durch Unterdrückung agiert, zugleich auch, dass Paulus Frauen als

gleichberechtigt verstand? Wie steht es um die Weiblichkeitskonstruktion von Paulus?

1. Die Einfügung in 1 Kor 14,33b-36:

Um es gleich und sofort klarzustellen, bei 1 Kor 14,33b-36. handelt es sich um eine nachpaulinische Interpolation, um eine Ein-
fügung[219]:

„[34]Die Frauen sollen in den Gemeindeversammlungen schweigen. Es ist ihnen nicht erlaubt zu reden, sie sollen sich vielmehr
unterordnen, wie es auch das Gesetz sagt. [35]Wenn sie etwas lernen wollen, sollen sie zu Hause die eigenen Männer fragen.
Denn es ist für eine Frau entehrend, in der Gemeindeversamm-
lung zu reden." (1 Kor 14,33b-36 BigS)

Diese Text-Passage wird gern und schnell gegen Paulus in Stellung gebracht. Ohne Zweifel wurde diese Passage Mitte des
zweiten Jahrhunderts in den Brief des Paulus eingefügt. Das ist
wissenschaftlicher Konsens: „Dieser Satz hat eine sehr
schlechte Wirkungsgeschichte entfaltet. Die einen sagen: Diesen Satz sollte man in Klammern setzen. In der Bibel. Denn vielleicht – ziemlich sicher, stammt er gar nicht aus der Feder des
Paulus, wurde er eingefügt. Später. Aber das würde dann die
Wirkungsgeschichte eigentlich wie ausklammern. Und trotz-
dem hat das ja gewirkt, man sucht diesen Satz, man muss ja mit
dem auch kämpfen können oder ihn in die richtige Position
bringen."[220] Mit Hilfe der unumstrittenen Autorität des Paulus
sollte ein umfassendes Schweigegebot für Frauen durchgesetzt
werden[221]. Schweigende Frauen in der Gemeinde – das ist

---

[219] Luise Schottroff; Der erste Brief an die Gemeinde in Korinth, S. 280.
[220] Luzia Sutter Rehmann in einem Interview. Quelle: https://www.deutsch-
landfunk.de/frauen-in-der-kirche-prophetinnen-juengerinnen-apostelin-
nen.886.de.html?dram:article_id=272966
[221] Vgl. Marlene Crüsemann; Gott ist Beziehung. Beiträge zur biblischen Rede
von Gott, S. 144-162.

weder Paulus noch ist es eine jüdische Überzeugung. Die gut begründbare Interpolationshypothese sollte ohne antijüdische Affekte[222] erfolgen. Ist damit die Frage nach Weiblichkeitskonstruktionen bei Paulus schon umfassend geklärt? Nein!

„Es finden sich jedoch leider auch Anknüpfungspunkte für eine … frauenfeindliche Haltung in den Schriften des ‚echten‘ Paulus. Frauen waren für ihn zwar gleichberechtigte Arbeiterinnen für das Evangelium …, denen er nie vorgeschrieben hätte, im Gottesdienst zu schweigen. Sie hätten es vermutlich auch nicht akzeptiert - aber immer dann, wenn es um Frauen und ihre Sexualität und Beziehungen zum anderen Geschlecht geht, tritt seine ambivalente Haltung ihnen gegenüber hervor (1 Kor 6: die Prostituierte; 1 Kor 7: die junge Frau, die ehefrei leben will; 1 Kor 11: Frauen in ihrem ‚schöpfungsgemäßen‘ Verhältnis zu Männern). Diese Ambivalenz muss heute thematisiert werden.“[223] Das sind wir uns und Paulus schuldig. Also: Was hat Paulus geschrieben? Was hat er gelebt? Entscheidend sind beim Thema Paulus und Frauen die Fakten.

2. Exkurs zu Aussagen und Stellungnahmen des Paulus zu „Spezialfragen“:

Manchmal kann man den Eindruck gewinnen, dass Paulus die für Frauen befreiende Messiasbotschaft wieder reaktionär zurücknimmt und in die Botschaft einer Unterordnung der Frau unter den Mann nach gängigem Muster verwandelt. Es ist an dieser Stelle wichtig, die Widersprüche des Paulus zu benennen. Das betrifft folgende Textstellen aus 1 Kor:

---

[222] Marlene Crüsemann; Gott ist Beziehung, S. 159 Anm. 75.

[223] Claudia Janssen; Frauen und Männer in den ersten christlichen Gemeinden – neue Einsichten aus der neutestamentlichen Exegese. Biblische Texte – genderbewusst verstehen, S. 9. Quelle: https://www.gender-ekd.de/images/sfg_JanssenVortragPullachFrauenundMnnerindenGemeinden12-10.pdf

1 Kor 6, 9-11 „Lasterkatalog"[224]

„9Oder wisst ihr nicht, dass alle, die ungerecht handeln, die °gerechte Welt Gottes nicht mitgestalten werden? Täuscht euch nicht! Alle, die mit Sexualität unverantwortlich umgehen, die andere Gottheiten verehren, die in der Ehe oder in gleichgeschlechtlichen Beziehungen das Recht Gottes verletzen, indem sie sexuelle Gewalt gegen Abhängige ausüben, 10alle, die andere bestehlen oder gierig nach immer mehr Geld und Besitz sind, die im Rausch anderen schaden, die verleumden und ausbeuten – sie alle werden die °gerechte Welt Gottes nicht mitgestalten. 11Einige von euch hatten diese Ungerechtigkeiten begangen. Dennoch sind sie von euch abgewaschen, ihr seid geheiligt, ihr seid gerecht gemacht im Namen unseres °Befreiers Jesus, des Messias, und durch die °Geistkraft, die von unserem Gott kommt."

Vers 9 hat eine menschenverachtende Wirkung bis auf den heutigen Tag. Dieser Paulustext hat vielen Menschen geschadet. Paulus bewertet gleichgeschlechtliche Beziehungen von Männern oder von Frauen untereinander als „Entehrung" des eigenen Körpers. Er missversteht Homosexualität als Eingriff in die Schöpfung. Paulus folgt damit seiner jüdischen Tradition. „Für die Situation Abhängiger ist er in diesem Zusammenhang blind."[225]

1 Kor 6,15-18:

„15Wisst ihr nicht, dass eure °Körper Glieder °Christi sind? Soll ich das, was zu Christus gehört, nehmen und es für verantwortungslosen Sex missbrauchen? Doch bestimmt nicht! 16Oder

---

[224] Vgl. Luise Schottroff; Der erste Brief an die Gemeinde in Korinth, S. 97f.
[225] Ebd., S. 101.

wisst ihr nicht, dass auch verantwortungsloser Sex bedeutet, zu einem °Körper zu verschmelzen? Denn die zwei – so sagt die Schrift – werden zu einem °Körper. 17Wer aber mit °dem Befreier verschmilzt, teilt °Geistkraft mit ihm. 18Meidet die ungerechten sexuellen Beziehungen. Jede Sünde, die ein Mensch begeht, geschieht außerhalb des °Körpers. Wer aber verantwortungslose Sexualität praktiziert, °sündigt gegen den eigenen Körper."

Hier blendet Paulus die gesellschaftliche Realität von Frauen völlig aus. Die meisten Gemeindemitglieder gehörten zur städtischen Mehrheit der Armen und Bettelarmen in unterschiedlichen Lebenslagen. „Freigeborene Frauen dieser Schicht waren durch die schlechten Arbeitslöhne für Frauen häufig gezwungen, sich zu prostituieren."[226] Ihre prekäre Lebenssituation und die damit verbundenen Zwänge blendet Paulus komplett aus.

1 Kor 7,1-7:

„1Jetzt zu dem, worüber ihr geschrieben habt. Es ist gut, wenn ein Mann keine Beziehung zu einer Frau hat. 2Doch um verantwortungslose Sexualität zu vermeiden, sollte jeder Mann mit seiner Frau sexuell verkehren, und jede Frau sollte mit ihrem eigenen Mann verkehren. 3Der Mann soll sich der Frau gegenüber nicht verweigern und ebenso auch die Frau nicht gegenüber dem Mann. 4Dann hat die Frau nicht das Recht, über ihren eigenen °Körper zu verfügen, sondern der Mann. Ebenso hat auch der Mann nicht das Recht, über seinen eigenen Körper zu verfügen, sondern die Frau. 5Verweigert euch einander nicht; nur nach gemeinsamer Vereinbarung für eine begrenzte Zeit, um euch dem Gebet hinzugeben. Dann aber kommt wieder zusammen. Sonst könnte euch der °Satan wegen eurer fehlenden

---

226 Ebd., S. 104.

Selbstbeherrschung in Versuchung führen. 6Das sage ich als meine Meinung, nicht als Schriftauslegung. 7Ich möchte, dass alle Menschen so leben wie ich jetzt; doch alle haben eine eigene Gabe von Gott erhalten, die eine diese, der andere jene."

Die gesellschaftlichen Verhältnisse in den römischen Großstädten wie Korinth waren von sexueller Gewalt bestimmt[227]. Das ist der Horizont, in dem Paulus seine Position darlegt. Paulus kennzeichnet seinen Standpunkt als seine persönliche Meinung. Für ihn bedeutet sexuelle Selbstbeherrschung „ein Schritt zur Befreiung aus der Macht des Missbrauchs von Sexualität in der Gesellschaft"[228]. Deshalb sollte weder eine lebenslange sexuelle Enthaltsamkeit noch eine kritische Ablehnung von Sexualität in den Text hineingelesen werden. Keinesfalls schreib Paulus von einer (hellenistischen) Ehevermeidung als Ausdruck von Frauenverachtung. Paulus plädiert für Dialog, Gespräch, Rücksicht und langfristig stabile Beziehungen. Bei seiner persönlichen Position der Selbstbeherrschung als einer Tugend hat er aber recht „dicke aufgetragen". Er weiß auch, dass sie sich nicht immer durchhalten lässt. Die Lage bleibt vertrackt. 1 Kor 7, 7und 1 Kor 9, 5 setzen voraus, dass er ohne eine Partner*in lebt.

1 Kor 11, 2-16:

„2Ich lobe euch, weil ihr euch in allem an meinem Verhalten orientiert; wie ich es euch überliefert habe, so bewahrt ihr die Überlieferungen. 3Ich möchte, dass ihr ernst nehmt, dass das Haupt jedes Mannes der Messias ist, der Mann aber das Haupt der Frau, das Haupt °Christi ist Gott. 4Alle Männer, die mit Kopfbedeckung beten oder prophezeien, setzen ihr Haupt

---

[227] Vgl. Ebd., S. 202.
[228] Ebd., S. 120.

herab. 5Alle Frauen, die ohne Kopfbedeckung beten oder prophezeien, setzen ihr Haupt herab. Sie sind nicht besser als geschorene Frauen. 6Wenn die Frauen sich nicht bedecken, können sie sich auch scheren lassen! Wenn es für Frauen entehrend ist, geschoren oder kahl rasiert zu werden, sollen sie sich auch bedecken. 7Ein Mann muss sein Haupt nämlich nicht bedecken, weil er ein Ebenbild und °Abglanz Gottes ist; die Frau jedoch ist °Abglanz des Mannes. 8Denn der Mann ist nicht von der Frau genommen worden, sondern die Frau vom Mann. 9Auch ist der Mann nicht wegen der Frau geschaffen worden, sondern die Frau wegen des Mannes. 10Deshalb muss die Frau wegen der °Engel eine Macht über ihrem Haupt haben. 11Jedoch: In der Gemeinschaft mit °Christus lebt die Frau nicht ohne den Mann und der Mann nicht ohne die Frau. 12Wie nämlich die Frau aus dem Mann genommen wurde, so wird der Mann durch die Frau geboren. Alles aber kommt von Gott. 13Urteilt selbst! Ist es anständig, wenn eine Frau mit unbedecktem Haupt zu Gott betet? 14Lehrt euch nicht die Natur selbst, dass es für einen Mann entehrend ist, wenn er lange Haare trägt, 15für eine Frau jedoch eine °Ehre, wenn sie lange Haare hat? Denn die langen Haare sind ihr als Verhüllung gegeben. 16Wenn jemand Streit sucht – wir kennen diese Sitte nicht und auch nicht die °Gemeinden Gottes."

Frauen bedecken in den messianischen Gemeinden beim Beten und Prophezeien ihren Kopf. Das ist ein „Zeichen ihrer schöpfungsgemäßen Nachordnung"[229]. Männer tragen keine Kopfbedeckung. Der Kontrast drückt eine deutliche Hierarchie der Geschlechter aus. Wo es um die Sexualität der Frauen geht, wird Paulus widersprüchlich gegen sich selbst. An diesem Problem übersieht er die für ihn unzweifelhafte, klare, gleichgewichtige

---

[229] Ebd., S. 198.

und selbstverständliche Zugehörigkeit der Frauen zum Messias. Das ist auffällig: Sobald es in den Briefen um die konkret zu gestaltende Geschlechterbeziehung von Frauen und Männern geht, gerät Paulus in Widerspruch zu seinen eigenen, grundsätzlichen Aussagen. Und zu den Schlussfolgerungen seiner Damaskus-Disruption. Das zeigt sich auch in 1Kor 11, 7.

„In der Gemeinde haben die Frauen eine Würde, die ihnen zumeist in der Gesellschaft abgesprochen wird. Sklavinnen und Freigeborene, die von Handarbeit leben, sind in der Gemeinde ehrbare Frauen, wie die Matronen. Das er zugleich mit seiner Argumentation ihre Zweitrangigkeit gegenüber Männern verdeutlicht, ergibt sich eher nebenbei."[230]

Ergebnis:

Das ist (nicht nur für die heutige Zeit) untragbar ambivalent. Was Paulus zu Sexualität, sexueller Orientierung, Körperlichkeit und dem Begehren bzw. zu den Geschlechterrollen schreibt, bleibt „ambivalent"[231] und „vielfach fremd"[232] Das ist unhaltbar und nur noch von archivarischem Interesse. Paulus teilt einerseits die antike Vorstellung einer Geschlechterdifferenz, die ganz deutlich und klar die Zweitrangigkeit und ein Nachgeordnet-Sein von Frauen den Männern gegenüber festschreiben will. Andererseits zeigt er aber auch deutlich durch seine Lebensweise und seine tägliche Praxis im Umgang mit Frauen, dass er sich der Arbeit für Gleichheit, Gerechtigkeit und gerechten Lebensverhältnissen verpflichtet weiß. Paulus ist getragen von der Vision einer göttlichen Gerechtigkeit, dem gerechtmachenden Handeln Gottes, das mit Jesus, dem auferstandenen Gekreuzigten, endgültig begonnen haben soll. Das zeichnet die messianische Zeit aus: „Seine Vision ist die

---

[230] Ebd., S. 207.

[231] Ebd.

[232] Ansgar Wucherpfennig; Sexualität bei Paulus, S. 9.

göttliche Würde *(doxa)* aller Menschen, der Männer und der Frauen. Dass die Frauen diese Würde in der Schöpfung über den Mann erhalten haben, hält er dabei für selbstverständlich."[233] Paulus ist trotz aller befremdlichen Widersprüchlichkeiten, die sich in seinen Briefen in Bezug auf Frauen finden, kein Frauenfeind. In seiner Praxis und seinem konkreten Umgang und der Zusammenarbeit mit Frauen zeigt sich ein erfreulicherer Befund.

3. Grußliste Röm 16 / Geschlechterverhältnis

Die Situation der Frauen in den messianischen Gemeinden ist komplex. Das Geschlechterverhältnis: männlich - weiblich darf nicht isoliert für sich betrachtet werden; es muss zusammen mit anderen Herrschafts- und Unterordnungskategorien angeschaut werden: Herkunft/Ethnie: jüdisch - griechisch und Sozialer Status: versklavt – frei.

Die zahlreichen Frauen in der jungen Kirche (Priska, Junia, Phoebe, Thekla, Lydia, u. a.) zeigen ein ganz anderes Bild als die spätere (männliche) Entwicklung kirchlicher Strukturen es vermuten lässt. Ein Viertel der in den paulinischen Briefen namentlich genannten Mitarbeiter waren Frauen. Allein im 16. Kapitel des Römerbriefs werden 9 Frauen und 17 Männer in Rom erwähnt. Davon werden 7 Frauen und 5 Männer als Aktivposten herausgestellt. Damit differenziert sich das Bild über das Geschlechterverhältnis in den frühen messianischen Gemeinden. „Es ist für Paulus ganz selbstverständlich: Frauen treten öffentlich auf, sind im Gottesdienst öffentlich beteiligt, übernehmen Diakoninnen-Aufgaben, gelten als Prophetinnen, Beschützerinnen, Helferinnen, Apostelinnen – das steht alles

---

[233] Ebd., S. 211.

bei Paulus überhaupt nicht infrage"[234]. Mehr noch: Für Paulus ist die Geschlechterdifferenz überall da aufgehoben, wo er Phoibe als ἀδελφὴν ἡμῶν gleichwertig anspricht. Wo sie die gleiche, wertgeschätzte Tätigkeit ausübt wie Paulus: [καὶ] διάκονον τῆς ἐκκλησίας τῆς ἐν Κεγχρεαῖς (Röm 1,1). Und wo Paulus sich explizit ihrer Autorität als einer προστάτις (Röm1,2) (durch Gastfreundschaft und Schutz vor Verfolgung durch die Behörden) unterstellt.

Paulus spricht auch von συνεργούς μου (Röm 1,2). Frauen sind ihm Zusammen-Arbeitende und nicht „Mitarbeiter". Keine Hierarchie, sondern gemeinsame und gleichrangige Zusammenarbeit. Frauen leisten ebenso wie Paulus Schwerstarbeit ἥτις πολλὰ ἐκοπίασεν εἰς ὑμᾶς (Röm 16, 6). Paulus drückt seine hohe Wertschätzung gegenüber den beiden Frauen in Vers 6 aus. Einige der Erwähnten – wie Persis (V 12) oder Aquila (V 3) - stammen aus dem Osten, den besiegten und unterjochten Völkern des römischen Reiches.

Hier zeigt sich deutlich, welchen Einfluss Frauen auf Paulus und das Gemeindeleben hatten. Und es wird deutlich wie Paulus inmitten eines Netzes an Beziehungen zu verstehen ist. Paulus ist ein Netzwerker und überhaupt kein systematischer Nachdenk-Theologe, der abstrakt über Rechtfertigung, Gesetz, Freiheit und Sünde schreibt. Sein Motto könnte gelautet haben: Eine „Einheit-in-Verschiedenheit"[235], die auf keinen Fall zu einer „Einheit -in-Gleichheit"[236] verbogen werden darf. Das gilt

---

[234] So Angela Wäffler in einem Interview. Quelle: https://www.deutschland-funk.de/frauen-in-der-kirche-prophetinnen-juengerinnen-apostelin-nen.886.de.html?dram:article_id=272966

[235] Sabine Bieberstein; Die Freiheit, die Tora und die Gemeinden des Messias Jesus, S. 142. Quelle: https://core.ac.uk/download/pdf/334516636.pdf

[236] Ebd. Und Brigitte Kahl, Der Brief an die Gemeinden in Galatien: vom Unbehagen der Geschlechter und anderen Problemen des Andersseins, S. 603-

heute erst recht angesichts von Globalisierung, Klimawandel und Migration, was Paulus intendierte: „Die Rechtfertigung rechtfertigt, weshalb die anderen anders bleiben können."[237] Und wir alle – Juden und Menschen aus den unterdrückten Völkern - an einem Tisch versammelt sitzen können. Es geht um Integration und nicht um Ausschluss der sog. Anderen, die in der jetzigen End-Zeit auch dazu gehören wollen. Christus verkörpert für Paulus von nun an die Einzigartigkeit und Einheit Gottes auf neue, messianische Weise in der Tischgemeinschaft mit den Anderen und gibt damit „dem jüdischen Monotheismus eine radikal inklusive-universale und antihierarchische Definition"[238]. Die alten nationalen, religiösen, sozialen und Geschlechteridentitäten gelten als überwunden. Sie trennen nicht länger die Menschen voneinander. Paulus jedenfalls verteidigt in dieser Angelegenheit vehement „das Recht der Nichtjuden"[239] – also der Menschen aus den von den Römern unterworfenen Völkern. Sein Ziel lässt sich beschreiben als ein Netzwerk der Einheit in Verschiedenheit: „Die Überwindung von vermeintlich unüberbrückbaren Gegensetzen – zwischen verschiedenen theologischen Meinungen, sozialer Zugehörigkeit, Geschlecht etc. – ist elementarer Bestandteil des urchristlichen Netzwerks."[240]

611. Hier S. 606. In: Luise Schottroff & Marie-Theres Wacker (Hrsg.); Kompendium Feministische Bibelauslegung. Gütersloh: Gütersloher Verlagshaus 1998.
[237] Ebd., S. 606.
[238] Ebd., S. 607.
[239] Krister Stendahl; Das Vermächtnis des Paulus. Eine neue Sicht auf den Römerbrief. Theologischer Verlag, Zürich 2001, S. 22.
[240] Jens Dörpinghaus; Soziale Netzwerke im frühen Christentum nach der Darstellung in Apg 1-12. 2020, S. 193.

4. Ergebnis und Schlussfolgerungen:

Es gilt die eigenen tief eingeprägten Geschlechterbilder von Mann-Sein und Frau-Sein als relativ anzusehen, als sozial konstruiert, und daraus lebens- und alltagspraktisch Konsequenzen zu ziehen. Wir müssen uns, wenn wir die Bibel lesen, wenn wir uns vor dem Bibel-Text verstehen wollen, immer entscheiden:

Was sind unsere Referenztexte? Teilen sie heimliche Sympathien für eine (aktuelle) Zurück-zum-Patriarchat-Politik? Sollen überkommene Geschlechterrollen wieder festgeschrieben werden? Worin besteht das für beide Geschlechter befreiende Potenzial der paulinischen Theologie? Wer war ich bisher? Und was sind ihre Mann/Frau-Erfahrungen mit der Kirche? Wer und wie will ich sein als Mann, als Frau? Wer bin ich, wer will ich und wer soll ich sein?

3.2 Ein schwacher Gott

Paulus gehört wie Nietzsche und Heidegger in die Gruppe „erstaunlicher Wanderer"[241]. Und das nicht nur physisch. Paulus – gleicht ruhelos einem „Mann mit ... Fußsohlen aus Wind"[242]. Er musste, wie Rimbaud später, auf den diese Beschreibungen gemünzt sind, zeitlebens auf Wanderschaft gehen / unterwegs bleiben. Von Tarsus erst nach Jerusalem, dann nach Damaskus, dann in die Arabia und schließlich über Antiochia in den gesamten Mittelmeerraum bis nach Rom. Geplant war bis Spanien, dem äußersten Ende der damaligen (römischen) Welt in Richtung Westen.

Was hat es ihm gebracht? Nichts![243] Es war umsonst.

---

[241] So notiert Righas über Rimbaud in Äthiopien. In Bruce Chatwin; Traumpfade, S. 232.
[242] Verlaine über Rimbaud. In: Ebd.
[243] Gängige Redewendung für Vergeblichkeit: „Es bringt nichts!"

Genau darin sehe ich einen zentralen Gedanken paulinischer Theologie, der für uns heute von aller größter Bedeutung ist: Seine Performance. Eine sein Leben umfassende Geste. Ivan Illich hat es die „Umsonstigkeit"[244] genannt. Umsonstigkeit zeigt sich auch schon sehr deutlich bei Paulus als eine „Politik der Ohnmacht"[245]. Das ist der inhaltliche Kern des Damaskus-Ereignisses:

Der Sieg über das (männliche) Gewinnen–und Siegen-müssen. In der noch verbleibenden Zeit, in der die Zeit, wie ein Segel, gerefft wird. Das ist die messianische Zeit, so lange wie sie noch andauert.

Das Damaskus-Ereignis war wie ein Schiffbruch - ein „glücklicher Schiffbruch"[246], der ihn aus der Bahn geworfen hat: Nicht das imperiale Rom, nicht Macht und Gewalt, nicht das männliche Um-jeden-Preis-Gewinnen-und-Siegen-müssen, sondern der gekreuzigte Jesus, der Auferstandene, ist der Messias / ist unsere Zukunft in Gerechtigkeit. Das ist die Vision einer gerecht gemachten Welt. „Gott als gerechtigkeitsschaffende Beziehungsmacht"[247] Gott steht parteiisch auf der Seite der Schwachen. Gott ergreift Partei. Das ist für Paulus der alles entscheidende Punkt. Ihm war klar: „Religion ist wie Politik eine

---

[244] Ivan Illich; In den Flüssen nördlich der Zukunft. Letzte Gespräche über Religion und Gesellschaft mit David Cayley, S. 251-255. Oder Ingolf U. Dalferth; Umsonst, S. 130 Anm. 37: „Ich bin gefunden worden, obwohl ich gar nicht wusste, dass mich jemand suchte".

[245] Thierry Paquot; IVAN ILLICH. Denker und Rebell, S. 13.

[246] Vgl. Hans Blumenberg; Schiffbruch mit Zuschauer, S. 14: „Erst als Schiffbrüchiger bin ich glücklich zur See gefahren". Im Original: „Das ist doch nun eine glückliche Fahrt gewesen, als ich Schiffbruch litt." (Diogenes Laertius VII 1,2)

[247] Kristina Augst in Quelle: https.//www.ekir.de/www/down loads/Auf_dem_Weg_zu_einer_traumagerechten_Theologie_2016-03-09.pdf., S. 6. Und variiert: Kristina Augst; Auf dem Weg zu einer traumagerechten Theologie, S.180: „Gott als gegenwärtige, gerechtigkeitsschaffende Beziehungsmacht".

Machtfrage."[248] Gott ergreift Partei – d.h. Paulus markiert und qualifiziert die gegenwärtige (römische) „Weltordnung" als eine vorübergehende. Das meint Paulus mit der messianischen Zeit. Glauben heißt ab jetzt: Kontra-faktisches Wahrnehmen. Denn glauben – so Paulus ganz entschieden - heißt anfangen, gerecht zu leben. Und Nietzsche hat das in seiner Hellsichtigkeit sehr wohl verstanden. Den Gott, den sich Paulus durch das Damaskus-Ereignis neu erfunden hat, ist die Negation eines (jeden) Gottes. „In Formel: deus, qualem Paulus creavit, dei negatio."[249] Das heißt für mich, wenn wir von Gott sprechen, wissen wir nicht, wovon wir in Wirklichkeit sprechen. Das Wort vom Kreuz bzw. von der Kreuzigung heißt eben auch: Wir können Gott nicht wissen. „Gott ist ganz anders als alles von uns Wissbare."[250]

Huub Oosterhuis hat es in einem Gedicht ausgedrückt:

„Bist du der Gott, der meine Zukunft hält? Ich glaube, Herr, was stehst du mir dagegen."[251]

Oder Elazar Benyoëtz mit einem Aphorismus:

„Das Wissen

  von Gott

ist grenzenlos

  beschränkt"[252]

Oder Christian Lehnert:

„Der Gott, den es nicht gibt, in mir ein dunkler Riß,/ ist meiner Seele nah, sooft ich ihn vermiß."[253]

[248] Rolf Schieder; Sind Religionen gefährlich?, S. 292.
[249] Friedrich Nietzsche; Der Antichrist. In: Werke in drei Bänden (hrsg. Schlechta) II, S. 1212.
[250] Ingolf U. Dalferth; Die Wirklichkeit der Möglichkeit, S. 528.
[251] Huub Oosterhuis; Das Huub Oosterhuis Lesebuch, S. 326.
[252] Elazar Benyoetz; Die Zukunft sitzt uns im Nacken, S. 168.
[253] Christian Lehnert: Windzüge. Gedichte. Berlin (Suhrkamp Verlag) 2015

Oder D. Bonhoeffer in einem Brief vom 16.7.1944 aus dem Gefängnis in Tegel an Eberhard Bethge: „Vor und mit Gott leben wir ohne Gott. Gott läßt sich aus der Welt herausdrängen ans Kreuz, Gott ist ohnmächtig und schwach in der Welt und gerade und nur so ist er bei uns und hilft uns."[254] Auch das klingt nach Paulus; seine Erfahrung übersetzt ins Heute.

Es ist die Vorstellung eines „Schwachen Gottes"[255]. Die Vorstellungen von einem „Zimzum"[256]: Gott, der sich in sich selbst zurückgezogen hat. Das sind Bilder. Meinem Denken bleibend unverfügbar. Es bleibt, was man „das Nicht-Haben Gottes"[257] nennen darf. Der Schwache Gott begleitet den rastlosen und getriebenen Wanderer Paulus. Es ist eine Art „Gelegenheitstheologie"[258], die in seinen Briefen steckt: „Die Narrheit Gottes ist weiser als die Menschen sind und die Schwäche Gottes ist stärker als die Menschen sind."[259] Vorstellungen von einer Allmacht und Überlegenheit Gottes sind keine Bausteine einer Theologie bei Paulus. Sie sind seinem Gottesgedanken (nach dem Damaskus-Ereignis) fremd. Geradezu zuwider! Paulus hat nichts (mehr) zu tun mit einer Theologie des Gewinnens und Besiegens. Paulus vertritt keine Theologie des Siegens[260]. Paulus hat nichts zu tun mit Allmacht, Herrschaft und Gewalt. Auch die Vorstellung einer Auferstehung von den Toten ist

---

[254] WEN, S. 394. Und in: Akt und Sein, S. 94: „Einen Gott, den es ‚gibt', gibt es nicht".

[255] 1 Kor 1, 25: „Die Torheit Gottes ist weiser, als die Menschen sind, und die Schwachheit Gottes ist stärker, als die Menschen sind." (Lutherbibel 1984)

[256] So Christoph Schulte; Zimzum. Gott und Welturspung. 2014. Und Hans Jonas; Gedanken über Gott, S. 47.

[257] Friedrich-Wilhelm Marquardt; Verwegenheiten, S. 414.

[258] Andreas Merthin, Hans Blumenbergs Reflexionen zur Exotheologie. Eine Notiz. Quelle: https://www.theomag.de/89/am470.htm

[259] 1 Kor 1,25

[260] Quelle: http://www.der-schwache-glaube.de/2016/08/25/gott-existiert-nicht-als-uebernatuerliches-wesen-notiz-von-christoph-fleischer-welver-2016/

kein (endgültiges) Doch-noch-gesiegt-haben, sondern eine Er-
rettung. Die Schwachheit Gottes ist eine unser gängiges Denken
zutiefst verstörende Vorstellung. Das ist befremdlich. Paulus
hat (vor Damaskus) die Gottes-Metapher gewechselt. „Instead
of high and mighty, we radical theologians seek the deep and
weak!"[261] Die Schwachen zählen[262]. Und werden nicht dem Vergessen preisgegeben. Sie werden erinnert. „Gott ist Gedächt-
nis."[263]. Deshalb ist der schwache Gott (möglicherweise) ein
Trost[264]. So kommt „Gott" bei Paulus frisch und neu zur Sprache und ins Wort. Paulus hat die Metaphern gewechselt[265]. Wie
mit einem (persönlichen) Koordinatensystem aus Realität und
Imagination konstruiert Paulus (sich) die Wirklichkeit seines
schwachen Gottes wie in 1 Kor 1, 25: „Die Torheit Gottes ist
weiser, als die Menschen sind, und die Schwachheit Gottes ist
stärker, als die Menschen sind."[266] Bei Paulus haben wir es mit
einer Wirklichkeitskonstruktion / mit einer (autobiografischen)
Fiktion zu tun und keinesfalls mit einer Erlebnistheologie. Paulus will in seinen Briefen wahrgenommen werden. Er versucht
1. einen „Bedeutungsgewinn, der durch eine gesteigerte Fiktionalität"[267] erst möglich wird, zu beschreiben. Das ist ihm gelun-
gen. Paulus – das ist 2. somit auch eine enorm starke „Weise der
Selbstbehauptung des Ichs"[268] vergleichbar einem Augustinus,
Musil oder Derrida.

---

[261] John D. Caputo; The Folly of God, S. 2.
[262] Heute heißt das unter anderem: „Black life matters!"
[263] D. Sölle & L. Schottroff; Jesus. 2000, S. 138.
[264] 2 Kor 1,4.
[265] Vgl. John D. Caputo; The Folly of God, S. 2.
[266] Übersetzung: Lutherbibel 1984
[267] Lukas Bormann; Autobiografische Fiktionalität bei Paulus. In: Eve-Marie
Becker & Peter Pilhofer; Biografie und Persönlichkeit des Paulus, S. 123.
[268] Ebd., S. 124.

Das wirft Fragen auf. Wie konstruieren wir uns unsere Wirklichkeit – im Glauben[269]?

Welche Bilder signalisieren eine für uns / für sie heilsame und bekömmlichere Welt? Was halten wir überhaupt für möglich? Was entzündet unseren „Möglichkeitssinn"[270]?

Der schwache Gott des Paulus ist eine Ermutigung und ein Trost. Eine Aufforderung: Wir sehen zwar nichts anderes als bisher, aber wir dürfen es anders bzw. befremdlich anders sehen als bisher.

3.3. Der starke Tod und die globale Sünde

Wir betreten mit dem „Tod" und der „Sünde" ein durch eine Vielzahl an Missverständnissen vermintes Feld. Beim Tod denkt Paulus nicht primär an den physischen Tod eines einzelnen Menschen im Sinne von Ableben. Paulus denkt den Tod und identifiziert den Tod zunächst und ganz wesentlich mit der allgegenwärtigen Zerstörungsmacht in der damaligen Welt, die pax romana, das römischen Imperium und seine militärische Gewaltmaschine. Diese totalitäre Herrschaft ist bei Paulus auch mit dem Begriff Sünde belegt: ἁμαρτία. Sie ist ebenfalls eine gesellschaftliche und politische Realität. Paulus individualisiert nicht – weder den Tod noch die Sünde: „πεπραμένος ὑπὸ τὴν ἁμαρτίαν" / „verkauft unter die Sünde" (Röm 7,14). Oder: „Ταλαίπωρος ἐγὼ ἄνθρωπος τίς με ῥύσεται ἐκ τοῦ σώματος τοῦ θανάτου τούτου" / „Ich elender Mensch, wer wird mich retten aus diesem Leib des Todes?" (Röm 7,24) Sünde und Tod

---

[269] Der entscheidende Grundbaustein einer urchristlichen Wirklichkeitskonstruktion ist der Satz „Gott, der Jesus von den Toten auferweckte" (Röm 4,24; 8,11; Gal 1,1)

[270] Robert Musil "Der Mann ohne Eigenschaften", Rowohlt, S. 16. Und Hans J. Pirner; Der Wirklichkeitssinn und der Möglichkeitssinn. In: Ders.; Virtuelle und mögliche Welten in Physik und Philosophie. 2018.

sind bei Paulus nahezu austauschbar. Beide spielen hervorragend ihre „Rolle als Weltbeherrscher und Sklaventreiber"[271]. Heute ist es nicht mehr die pax romana, heute ist es die „pax americana"[272] – sprich: die Globalisierung, der Neoliberalismus, die Profitmaximierung des weltumspannenden Finanzmarktes. Diese alles bestimmenden (ökonomischen) Fortschritts-Verhältnisse sind der paulinische „Leib des Todes" (Röm 7,24). Sie sind der „Stachel des Todes" (1 Kor 15,56). Das ist unsere Lebenswirklichkeit. Darin leben wir. Und – so die kontrafaktische Behauptung und Überzeugung des Paulus -, sie hat – jetzt - ein Ende gefunden. „Die Skalverei der Sünde, die Paulus ,Tod' nennt, hat für Paulus in Christus geendet."[273] Paulus schreibt im Römerbrief:

„6τοῦτο γινώσκοντες ὅτι ὁ παλαιὸς ἡμῶν ἄνθρωπος συνεσταυρώθη, ἵνα καταργηθῇ τὸ σῶμα τῆς ἁμαρτίας, τοῦ μηκέτι δουλεύειν ἡμᾶς τῇ ἁμαρτίᾳ·

7ὁ γὰρ ἀποθανὼν δεδικαίωται ἀπὸ τῆς ἁμαρτίας.

8εἰ δὲ ἀπεθάνομεν σὺν Χριστῷ, πιστεύομεν ὅτι καὶ συζήσομεν αὐτῷ,

9εἰδότες ὅτι Χριστὸς ἐγερθεὶς ἐκ νεκρῶν οὐκέτι ἀποθνήσκει, θάνατος αὐτοῦ οὐκέτι κυριεύει."

„6 Wir wissen doch: Unser alter Mensch wurde mitgekreuzigt, damit der Leib der Sünde vernichtet werde, sodass wir nicht mehr Sklaven der Sünde sind.

7 Denn wer gestorben ist, der ist frei geworden von der Sünde.

8 Sind wir nun mit Christus gestorben, so glauben wir, dass wir auch mit ihm leben werden.

---

[271] Luise Schottroff; Befreiungserfahrungen, S. 62.
[272] In Anlehnung an Dorothee Sölle; Mystik des Todes, S. 61.
[273] Ebd.

9 Wir wissen, dass Christus, von den Toten auferweckt, nicht mehr stirbt; der Tod hat keine Macht mehr über ihn."[274]

Das ist Paulus: Erstaunlich, befremdlich, kontrafaktisch, disruptiv. Wir sprechen heute von struktureller Gewalt, wo Paulus in seiner Zeit präzise formuliert: "... der Sold der Sünde ist der Tod." (Röm 6,23) Dem Terror der Sünden- und Todesmacht dieser Welt sieht Paulus im Auferweckten Gekreuzigten durch Gott ein Ende gesetzt. Jetzt schon. Das ist die messianische Zeit. „Die Jetztzeit"[275] Das ist Disruption. Das ist unglaublich. Das ist kaum zu glauben!

Was hat das zu bedeuten?

1. Es geht hier nicht um ein individuelles Weiterleben nach dem physischen Verstorben-sein. Salopp formuliert: Es geht nicht um ein Leben nach dem Tod. Das ist bei Paulus nicht das vorherrschende Thema.

2. Niemand muss (noch länger) die sog. Heilsbedeutung des Todes Jesu mit Hilfe der Metaphorik des Sühnopfers auslegen. „Jesus starb – umsonst."[276]. Wir sollten die gewohnte „Sühneopferbrille" abnehmen, um einen anderen Zugang zum Sterben Jesu bekommen zu können. „Man versteht die paulinische Rede vom ‚Opfer' ... nur dann zureichend, wenn man sie als Dementi von Opferdiskurs und –praxis begreift."[277]

3. Deshalb die Schlussfolgerung: „Dem Tod nicht glauben"[278]. Diese Einstellung und Sicht-Weise macht nüchtern und wach und schärft den Blick für das, was man mit guten Gründen

---

[274] Röm 6,6-9 (BigS)
[275] Walter Benjamin in GS Band I/2, S. 703.
[276] Gonsalv K. Mainberger; Jesus starb – umsonst. Sätze, die wir noch glauben können, Freiburg/Br. 1970
[277] Uwe Jochum; Die Sendung des Paulus. Politik der Umkehr, S. 163.
[278] So lautet der Titel der Festschrift zum 70. Geburtstag für Luise Schottroff.

soziale Todes-Phänomene / strukturelle Gewalt / Entfremdung nennt.

Wenn Paulus vom Tod spricht, dann meint er nur selten den physischen Tod eines Menschen; er spricht vielmehr von dem, was wir heute Todesstrukturen und Nekropolitik nennen, die menschliches Leben gefährden und zerstören. Im Hintergrund der neutestamentlichen Aussagen zum Tod haben wir immer die damalige römische Gewaltherrschaft und deren todbringende Militärmaschine mitzudenken.

4. Die traditionelle kirchliche Kreuz- und Auferstehungstheologie ist deshalb kritisch zu bewerten, weil sie angesichts des Leidens von Frauen, Männern und Kindern immer wieder zur Beschwichtigung und Vertröstung missbraucht wurde.

Der Akzent liegt aber eindeutig auf dem Leben vor dem Tod[279]. Es sind die Veränderung, die sich in unserem Leben und in unserem Alltag vollziehen, auf die es bei der Auferstehung Jesu ankommt. Wir sind aufgerufen, auch heute Auferstehungsmomente in unserem Leben wahrzunehmen und Auferstehungsprozesse in Gang zu setzen[280].

Eines der stärksten Zeichen dieses neuen, "auferstandenen" Lebens ist das Teilen, das miteinander Essen teilen (Abendmahl) bzw. die Praxis der Solidarität: Der Akzent liegt bei Paulus auf dem Leben vor dem Tod – für alle Menschen; liegt auf dem vielgestaltigen Tod mitten im Leben - und nicht nur auf dem

---

[279] Vgl. Ina Praetorius; Doris Strahm; Luzia Sutter Rehmann, «Manchmal stehen wir auf...» Gespräch über Auferstehung, in: Evangelische Theologie 57 (1997), 225-241 und: Luzia Sutter Rehmann/Sabine Bieberstein/Ulrike Metternich (Hg.), Sich dem Leben in die Arme werfen. Auferstehungserfahrungen, Gütersloh 2002.

[280] Vgl. Luise Schottroff; Bärbel von Wartenberg-Potter; Dorothee Sölle, Das Kreuz: Baum des Lebens, Stuttgart 1987, 53f.

biologischen Ableben; liegt sehr deutlich auf dem „Tod am Brot allein"[281].

Davon spricht die Bibel, wenn sie vom Tod spricht und nicht vom Exitus, an den die meistens von uns denken. „Am Brot allein sterben wir, weil wir fürs Brot allein leben. Dieser Tod ist nicht natürlich, sondern gewaltsam, er tut den Lebenden Gewalt an. Ein angeordneter Tod, befohlen von der strukturellen Gewalt, unter der wir leben, und willig übernommen von unserer eigenen Sucht, lieber tot zu sein und zu töten, als uns den Gefahren des Lebendigseins auszusetzen."[282]

5. Die Vorstellung des Todes als einem rein biologischen Phänomen (als Exitus) ist von Paulus endgültig und unwiderruflich disruptiert. Paulus hat unsere Vergänglichkeitsgedanken disruptiert.

Bleibt abschließend die Frage an uns: Welcher Tod macht uns Angst und welcher Tod bedroht uns existentiell? Begnügen wir uns mit dem Brot allein? Können wir das glauben: „Media vita in morte sumus"[283] / „mitten wir im Leben sind mit dem Tod umfangen"[284] zu sein – und zwar am aller wenigsten durch Krankheiten, Gebrechen oder unser Ableben, aber durch „den Tod am Brot allein"[285] und durch die Nekropolitik?

3.4. Gerechtigkeit Gottes und Gastfreundschaft

Oft kommt Paulus in seinen Briefen auf die δικαιοσύνη (τοῦ) θεο zu sprechen. Sie steht im Zentrum seiner Vision von der

---

[281] D. Sölle; Die Hinreise, S. 7 - 23.

[282] D. Sölle; Die Hinreise, Kreuz-Verlag, Stuttgart 1975, S. 11.

[283] Notker I von St. Gallen (um 840 - 912) zugeschrieben, aber wahrscheinlich schon früher um das Jahr 750 in Frankreich entstanden.

[284] Von Martin Luther 1524, im Anschluss an ältere Vorlagen, unter dem Titel „Mitten wir im Leben sind" ins Deutsche übertragen. Das Lied findet sich im Evangelischen Gesangbuch unter Nr. 518.

[285] D. Sölle; Die Hinreise, Kreuz-Verlag, Stuttgart 1975, S. 7 – 23.

messianischen Zeit: 2Kor 5,21; 2Kor 9,9; Gal 2,16; Röm 1,16f.; Röm 3,5; Röm 3,21–26; Röm 10,3; Phil 3,9. Das ist ein Schlüsselbegriff bei Paulus, wo es ihm um den Versuch einer Orientierung in der Welt geht. Gottes Gerechtigkeit ist keine Eigenschaft, sondern ein Beziehungsgeschehen. Die Gerechtigkeit Gottes lässt vor allem die Aktivität Gottes sichtbar werden. Es geht um unsere konkreten Lebensumstände. Jesus ist der Messias. Gott handelt. Für Paulus führte Gott selbst „die Wende der Zeiten"[286] herbei. Ein endzeitliches Szenario mitten im römischen Imperium, einer Sklavenhaltergesellschaft. Die Heilsgegenwart Gottes – verstanden als einen „universalen Transformationsprozess"[287], der mit der Auferstehung Jesu einsetzte: Gott ist neu zu denken - und wir können anders handeln. Das ist für Paulus eine Rettung. Das ist sein Evangelium von der Gerechtigkeit Gottes. Das ist eine politische Kampfansage. Evangelium meint im Unterschied zur zeitgenössischen Bedeutung von Evangelium: „Nicht das Erscheinen des Kaisers rettet, sondern der vom Himmel kommende Gottessohn (vgl. 1 Thess 1,9f.)."[288] Wir kennen diese mythischen Vorstellungen vom Hören in den Gottesdiensten zu genüge, wir lesen Bekanntes – aber es ist befremdlich. Wir blicken in eine völlig fremde Welt / Welt-Anschauung.

Ist ein solches (mythisches) Weltbild heute noch plausibel? Ist das möglich? Halten wir das für möglich? Kann die Vorstellung, sich selbst als gerettet zu betrachten, im Leben orientieren? Ist das eine sich heilsam auswirkende Annahme / Unterstellung?

---

[286] Udo Schnelle; Paulus, S. 420.
[287] Ebd., S. 421.
[288] Ebd., S. 437.

Jesus als Messias erscheint bei Paulus als Befreier von der Macht des Todes[289], d.h. der globalen, todbringenden Gewalt-Strukturen und der mit ihm verbundenen Mächte, der σάρξ (Fleisch) und der ἁμαρτία (Sünde). Die Gerechtigkeit Gottes ist ein hochpoltisch und deshalb ein brisanter Begriff[290]. Und Paulus deshalb ein durch und durch politischer Autor / Theologe.

Neu bei Paulus ist die Vorstellung, dass Gott sein rechtfertigendes Handeln auf alle Menschen und alle Völker und ganz umsonst – ohne Vorbedingungen - ausweitet. Das ist theologisches „disruptive thinking".

„Gerechtigkeit ist für Paulus … ein Beziehungswort."[291] Sie macht eine „Umorientierung unseres Lebens"[292] möglich. Sie macht möglich, „was noch nie da war: ein Verhältnis der Menschen zueinander, das kein ökonomisches Verhältnis mehr ist, in dem Menschen und Welt verbraucht werden, sondern ein Verhältnis, das jeden einzelnen und alle Welt das sein läßt, was sie von sich aus sind, für alle Zeit."[293]

Eines der stärksten Zeichen dieses neuen, "auferstandenen" Lebens ist die Gastfreundschaft[294], das Teilen, das miteinander Essen teilen (=Abendmahl) bzw. die Praxis der Solidarität: "Wo Solidarität geschieht, da ist Auferstehung. Wenn wir die Neutralität des Schweigens brechen und die Komplizenschaft mit dem Unrecht verlassen, dann beginnt das neue Leben. Menschen, die zuvor unsichtbar und vergessen waren, werden selbstbewusst und finden ihre Sprache. Sie stehen für ihre Rechte auf, und dieses Aufstehen, dieser Aufstand ist ein

---

[289] Vgl. ebd., S. 469.

[290] Jacob Taubes; Die Poltische Theologie des Paulus, S. 99.

[291] Eckhart Reinmuth; Paulus. Gott neu denken, S. 140.

[292] Uwe Jochum; Die Sendung des Paulus. Politik der Umkehr, S. 155.

[293] Ebd., S. 173.

[294] Röm 12,13: „Gewährt jederzeit Gastfreundschaft!" (Einheits.) / „Seid jederzeit gastfreundlich." (BigS)

Zeichen der Auferstehung."[295] In der praktizierten Gastfreundschaft, im Miteinander-Teilen und einem vorbehaltlosen solida-
rischen Handeln spiegelt sich die Vision des Paulus vom großen Netz vielfältiger und gegenseitig wirksamer Beziehungen.
Das ist ein echtes Soziales Netzwerk. Ein „Trostverbundsys-
tem"[296] mitten in der römischen Schreckens- und Gewaltherrschaft, die sich ironisch verspielt selbst Pax Romana nannte.
Das meint das Bild von der Gerechtigkeit Gottes:
„Im Brot der Erde den Himmel schmecken"[297].
Kaum zu glauben! Können wir das glauben, d.h. unser Leben
darauf aufbauen? Oder sind das bloß fromme Gedanken? War
Paulus gar ein Linker?

---

[295] Dorothee Sölle, Wählt das Leben, Stuttgart 1980, S. 124.
[296] Marlene Crüsemann; Gott ist Beziehung, S. 190.
[297] So der Titel des Buches von Michael Rosenberger.

4. Paulus – der Fanatiker

Eugen Biser nennt Paulus einen „sensiblen Fanatiker"[298]. Was soll das denn sein!? Das hat mich hellhörig gemacht. Mehr noch: Das Damaskus-Ereignis markiere „bei aller Heftigkeit der Absage keinen vollständigen Bruch"[299]. Paulus bleibt ein „Eiferer", ein Zelot: „Er ist von gerechtem Zorn erfüllt"[300]. Eifern, das „ist eine Form totaler Hingabe an eine Sache, bis zur Bereitschaft, für sie Gewalt zu erleiden oder auszuüben."[301] Sein wütender Über-Eifer mündet in den Ausnahmezustand der messianischen Zeit, die mit der Auferstehung des Jesus angebrochen geglaubt wird. Die Jetztzeit. Die Zeit, die (noch) bleibt. Da gibt es für Paulus kein Vertun. Wie ist das zu interpretieren? Zu verstehen? Was hat sich bei Paulus getan?

„Als er noch ein Pharisäer war und ein Eiferer für das Gesetz, verfolgte Paulus die Christen; im Zeichen des Glaubens schlägt seine aktive in passive Intoleranz um, in die Bereitschaft zu leiden."[302] Die fanatische Dynamik ist geblieben. Jetzt ist es er selbst, seine Biografie und sein Leib, die Paulus in seiner Intoleranz traktiert - und nicht länger die jüdischen Messias-Gläubigen, die sich später Christen nennen. Er zeigt eine ungeheure Bereitschaft zu körperlichem Er-Leiden. Er scheint alles ertragen zu können. Beispiele sind:

---

[298] Eugen Biser; Paulus. Zeuge, Mystiker, Vordenker, S. 39f.

[299] Ebd., S. 40.

[300] David Nirenberg; Anti-Judaismus. Eine andere Geschichte des westlichen Denkens, S. 62.

[301] Jan Assmann; Der Wille zum Jetzt. Wie Giorgio Agamben Paulus, den 13. Apostel, als Autor des gegenwärtigen «Ausnahmezustands» entdeckt – und darüber den religiösen Kern der paulinischen Botschaft übersieht. In: Cicero. Magazin für Politische Kultur. Quelle: https://www.cicero.de/kultur/der-willezum-jetzt/44596.

[302] Ebd.

die unglaublichen Reisekilometer, die überlebten Gefahren und erduldeten Entbehrungen, die körperlichen Bestrafungen. Das sind selbstquälerisch-heldenhafte Charakterzüge. Und Eigenschaften der Fanatiker. „Der «Wille zum Jetzt» ist eine apokalyptische, keine messianische Kategorie; er entspringt nicht der Hoffnung, sondern der Gewissheit – oder, wie man im Blick auf die Zeloten unserer Tage, die islamistischen Selbstmordattentäter, hinzusetzen muss: der Verzweiflung. Das apokalyptische Denken hat etwas Destruktives: in der Gewissheit der kommenden Welt kann, ja, muss die gegenwärtige Welt zugrunde gehen, je eher, desto besser."[303]. Es hat etwas völlig Überzogen-Anmaßendes an sich. Anmaßung – das ist die „Mutter aller Gewalt"[304]. Paulus, der Fanatiker „ist ein wandelndes Ausrufezeichen"[305]. Paulus – „Apostel"[306] - das Ausrufezeichen des Messias Jesus. Sein religiöser Eifer behielt einen Beigeschmack des Fanatischen. „Das Eiferertum, das in allen monotheistischen Religionen zu beobachten ist, beschreibt Peter Sloterdijk als ‚Suprematie-Verhalten'"[307]: Apostel zu sein und einen Führungsanspruch zu leben sind als synonym zu betrachten. Er blieb ein Fanatiker. Vielleicht gab es auch eine Entwicklung vom Fanatiker zum Universalisten, wie Gerd Theißen[308] es sieht. Aber das bezweifele ich. „Vom Gotteskrieger zum Friedensapostel"[309] – das ist jedoch völlig schablonenhaft

---

[303] Ebd.
[304] Amos Oz; Liebe Fanatiker. Drei Plädoyers, S. 46.
[305] Ebd.
[306] Z. B. 1 Kor 1,1.
[307] Heiner Mühlmann; Die Natur des Christentums, S. 158.
[308] Gerd Theißen; Die Bekehrung des Paulus und seine Entwicklung vom Fundamentalisten zum Universalisten. In: Ev Theol 70 (2010), S. 10-25.
[309] Thomas Söding;Vom Gotteskrieger zum Friedensapostel. Paulus als Beispiel für die Überwindung religiöser Gewalt. Quelle: https://dev.kath.ruhr-uni-bochum.de/imperia/md/content/nt/vomgotteskriegerzumfriedens-apostelffh2015.pdf

übertrieben. Wie dem auch sei - ein „Brandbeschleuniger"[310] war Paulus nicht. Je intensiver man nach Paulus fragt und die Klischeevorstellungen[311] / das Konstrukt „Paulus" als eines „Übermenschen" oder eines „Superapostels" hinter sich lässt, desto klarer kommt Paulus der Teamworker und der Netzwerker[312] zum Vorschein. „He was the first and by far the most effective salesperson of Christianity, using theology and social networks equally effectively."[313] Deutlich sichtbar wird, wie Paulus sich in einem Netz aus Beziehungen[314] bewegt. Kein Einzelkämpfer und kein Rechthaber. Kein stubenhockender Gelehrter. Paulus ist nicht „allein zu haben", sondern nur im Verbund, Austausch, Auseinandersetzung, in der Zusammenarbeit (συνεργοί) und als Teil wechselnder Lebensgemeinschaften, und auf beschwerlichen Reisen und als „Autor im Plural"[315]. Paulus ist ein Teil im Netzwerk der frühen messianischen Gemeinden[316]. Er ist ein „translocal link"[317]. Aber er ist bei weitem nicht der einzige.[318]

---

[310] Rolf Schieder; Sind Religionen gefährlich?, S. 141.

[311] Sie dienen ohnehin nur der Legitimation eines patriarchalen Kirchenbildes samt dazu gehörigem Amtsverständnis.

[312] Sabine Bieberstein / Daniel Kosch, Paulus und die Anfänge der Kirche (Studiengang Theologie II,2), Zürich 2012, S. 105 – 106.

[313] Albert-László Barabási; Linked. The New Science of networks, S. 4.

[314] „In der Grussliste, die Paulus an die Gemeinde in Rom schickte, ist das Netzwerk gut sichtbar geworden." (Angela Büchel Sladkovic in: Quelle: https://www.glaubenssache-online.ch/wp-content/uploads/2019/04/Lydia-erste-Christin-Europas-gso-Angela-Buechel-Sladkovic.pdf

[315] Elsa Tamez.

[316] Collar, Anna. Networks Theory and Religious innovations, Mediterranean Historical Review 19 dec 2007, S. 149 -162.

[317] Jens Dörpinghaus; Soziale Netzwerke im frühen Christentum nach der Darstellung in Apg 1-12, S. 191 oder Christoph Stenschke; Es grüßen euch alle Gemeinden Christi (Röm 16:16): Vorkommen und Funktion übergemeindlicher Verbindungen im Brief des Paulus an die Römer. In: G. Steyn (Hg.); FS Andrie B. du Toit. Leuven. 2014.

[318] Siehe Jens Dörpinghaus; Soziale Netzwerke im frühen Christentum nach der Darstellung in Apg 1-12, S. 191.

Das sollten wir 1. nüchtern zur Kenntnis nehmen.

Weil wir 2. heute wissen, „wie man Fanatiker kuriert"[319].

Der Umgang mit einer solchen Form von religiösem Über-
zeugtsein, religiöser Selbst-Gewissheit / Selbstgerechtigkeit
und religiöser Intoleranz bleibt eine offene Aufgabe. Eine aktuelle und dringliche Herausforderung. Es geht um die „Zivilisie-
rung der Religionen durch Bildung"[320]. Auch bei Paulus bleibt
ein Verdachtsmoment / eine Unsicherheit übrig: „Nicht die Religion als solche sei das Problem, sondern ihr perverser Gebrauch durch kulturell entwurzelte, sexuell frustrierte junge
Männer."[321]

Dieser Paulus wird seit zweitausend Jahren unentwegt gelesen
und vor allem in den Gottesdiensten gehört. Hat das nicht auch
etwas Wahnhaft-Verkennendes, etwas Überzogen-Fanatisches,
wenn wir die sieben authentischen Paulus-Briefe, die zur antiken Literatur zu zählen sind, zu einer göttlichen Offenbarung
hochstilisieren und kanonisieren? Und sind in den Paulus-Brie-
fen nicht „Wahrheitsbehauptungen einer rigoros zweiwertigen
Logik"[322] zu lesen? Paulus – das ist auch „Wahrheitsterror nach
dem Schema: Es kann nur eine Wahrheit und ihre Negation geben, und es kann nur eine höchste Macht und ihre Negation geben."[323]

Den allerersten Schritt aus dem religiösen Fanatismus heraus
haben wir selbst zu tun. Es gilt den kleinen Fanatiker in uns
selbst zu entdecken, „der sich mehr oder weniger in vielen von
uns versteckt"[324].

---

[319] Amos Oz; Wie man Fanatiker kuriert. 2004.

[320] Rolf Schieder; Sind Religionen gefährlich?, S. 251.

[321] Rolf Schieder; Sind Religionen gefährlich?, S. 29.

[322] Heiner Mühlmann; Die Natur des Christentums, S. 158.

[323] Ebd.

[324] Amos Oz; Liebe Fanatiker. Drei Plädoyers, S. 46.

Für einem Angehörigen der kurz nach dem Krieg geborenen Generation, heißt das sehr klar und bestimmt: „Hitler in mir selbst"[325] entdecken. Das war auch ein (politischer) Fanatiker mit Langzeitwirkung. Den „Nationalsozialismus in der ‚zweiten Generation'"[326] mit seinem Gehorsams- und Hörigkeitsverhältnissen nicht länger verkennen, sondern sich zunehmend in die absurd werdende „Grandiosität"[327] der eigenen Opferrolle einfühlen können. Das vermag den Fanatiker in mir samt seinem Auftrag, seiner „Mission"[328], aufzulösen. Die Geringschätzung des nachgeborenen Sohnes durch den ehemals kriegsteilnehmenden und heimgekehrten Vater muss nicht länger durch Fanatismus kompensiert und ausagiert werden. Kein Sohn ist „berufen"[329]. Kein Sohn ist „ausgesondert"[330]. Fanatismus ist schlichtweg „eine Identitätsverwirrung"[331]. Die Zeit der selbsternannten Apostel – und das war Paulus - sollte vorbei sein bzw. vorbei gehen dürfen.

---

[325] Marcel Atze; Hitler in mir selbst. Quelle: https://literaturkritik.de/id/38
[326] Vgl. Anita Eckstaedt.
[327] Anita Eckstaedt; Nationalsozialismus in der „zweiten Generation". Psychoanalyse von Hörigkeitsverhältnissen, S. 169.
[328] Vgl. ebd., S. 182.
[329] So Paulus in: Gal 1, 15; 1 Kor 1, 1; 1 Kor 9, 1; 1 Kor 15, 8 – 11; 2 Kor 1, 1; Röm 1, 1.
[330] So die Selbstbeschreibung des Paulus in: Röm 1,1.9; 1 Kor 1,1 u.a.m.
[331] Anita Eckstaedt; Nationalsozialismus in der „zweiten Generation". Psychoanalyse von Hörigkeitsverhältnissen, S. 184.

5. Paulus – der Netzwerker

"Eine Neuentdeckung des Paulus ist fällig!"[332] Doch beachte! Der befremdliche Paulus fügt sich nicht „weichgespült" in unsere Konstruktionen von Spiritualität (und Religion). Er ist ein Apokalyptiker mit mythischem Denken. Seine apokalyptische Bildwelt beinhaltet folgende mythologische Aussagen:

- Die Auferweckung Jesu, des Gekreuzigten, von den Toten .
- Das zentrale Stichwort Jesu der Herrschaft Gottes kennt Paulus, verwendet es aber nur selten und ohne größere Betonung (Röm 14,17; 1Kor 4,20).
- Jesus starb für unsere Sünden.
- Die Äonenvorstellung mit der Zeitenwende.
- Die Erwartung eines Kommens Gottes, der Parusie.
- Die Leiblichkeit der Auferstehung aller von den Toten.

Sie stellen den mythologischen Denkrahmen und weltanschaulichen Horizont dar, in dem sich sein Engagement als Netzwerker vollzieht.

Das ist weder ein stilles Erdulden noch ein aktives Bekämpfen der imperialen Realität des Römerreiches. Das Netzwerk der messianischen Gemeinden samt Paulus und den anderen ist vielmehr die performative Gestalt der Glaubensinhalte im sozialen Handeln. Sie haben sich aufgeführt. Ihre Aufführung hatte den Titel: Wie kann menschliches Zusammen-Leben gelingen? Da waren schwere Zeiten der Bedrängnis und der Not erfolgreich zu überstehen. Seine Briefe sind auch Trost und Bestärkung; sie versuchen Orientierung: Man vertraute auf das, was – in diesen schweren Zeiten - zu erwarten war. Das ist

---

[332] Claudia Janssen, Luise Schottroff, Beate Wehn (Hrsg.); Paulus. Umstrittene Traditionen-lebendige Theologie. Eine feministische Lektüre, S. 7.

„apokalyptische Vernunft"[333]. Sie bestreitet die Möglichkeit, eine globale Katastrophe abwenden zu können. „Die Zeit gerät aus den Fugen."[334] Das war bei Paulus nicht Widerstand oder Verweigerung, sondern eine neue und völlig andere Ökonomie im Dienste des Lebens: Gemeinschaften in Gegenseitigkeit, in Geschwisterlichkeit und Abendmahl/Gütergemeinschaft. Das ist „freilich eine Ökonomie jenseits unseres Begriffs von Ökonomie"[335]. Das nenne ich Disruption. Umkehr - disruptiv verstanden. Dadurch wird dem(römischen) Imperium samt Patriarchat der Boden entzogen. Das ist der etwas andere Sinneswandel. Denn: „[I]t is existentially impossible to believe in God's coming triumph without a lifestyle that conforms to that faith."[336] Es ist eine „Politik der Umkehr"[337]. Das war eine anti-imperiale Gegenstrategie. Genauso wie die Paulusbriefe eine anti-imperiale Theologie enthalten. Paulus will Hoffnung generieren, wo es nichts zu hoffen gibt. „Apocalyptic was essentially ethical"[338] Paulus spricht deshalb auch von einer „καινὴ κτίσις" – einer neuen Schöpfung: „Daher: Alle, die mit Christus verbunden sind, sind neu erschaffen. Das Erste ging vorüber, seht: Neues kam zur Welt."[339] Das ist mythologisches Denken. Das klingt fremd. Das steht völlig quer zu unseren Wirklichkeitskonstruktionen. „Er spricht von der im Geist

---

[333] Gregor Taxacher; Apokalyptische Vernunft: Das biblische Geschichtsdenken und seine Konsequenzen 2010.

[334] 1 Kor 7, 29 (BigS).

[335] Uwe Jochum, Die Sendung des Paulus. Politik der Umkehr, S. 173.

[336] J.C. BEKER; Paul's Apocalyptic Gospel. The Coming Triumph of God, Philadelphia 1984, 110. Zitiert in: Marco Hofheinz; Widerstandstheologie. Die politisch-ethische Dimension biblischer Apokalyptik, S. 6.

[337] Untertitel des Buches von Uwe Jochum, Die Sendung des Paulus. Politik der Umkehr. 2008.

[338] R.H. CHARLES, Religious Development. Between the Old and New Testaments, London 1914, 30. Vgl. auch a.a.O., 16.

[339] 2 Kor 5,17, BigS.

schon manifest werdenden Erlösung, also von der Überwindung der Geschichte."[340] Was ist das, wenn es nicht Religion oder Spiritualität in einem modernen Verständnis ist? Worauf will Paulus hinaus? Worauf hin zielt seine Vision bzw. die Vision der messianischen Gemeinden? Was wollten Sie? Und was kann das heute sein – eine „καινὴ κτίσις"/eine neue Schöpfung? Wie zeigt sich das als Inhalt und als Kommunikationsstil / Weise? Was hat (der disruptive) Paulus getan?

Vielleicht gibt die These von Paulus, dem Netzwerker, einen Hinweis.

Die Netzwerktheorie korrespondiert mit einem neuen Menschenbild. „Weder monetäre noch hierarchische Verhältnisse stützen Netzwerke, sondern Kontextbedingungen wie Vertrauen, Anerkennung und gemeinsame Interessen. [...]. Sie setzen auf kommunikative Beziehungen, welche sich nicht in Geld- und nicht in Machtverhältnissen auflösen"[341]. Paulus selbst war einer von vielen Knoten im Netzwerk der messianischen Gemeinden. Er hatte verstanden: „Connected!"[342] zu sein. Das war das überraschende und nicht vorhersehbare Neue – ein sozialer Organismus Gleichberechtigter zu sein. Nicht unterdrückend. Bevormundend. Regulierend. Oder kontrollierend. Ihr soziales Netzwerk der messianischen Gemeinden war ein echtes Glück. Und es war ansteckend. Wie ein Schwarm – ein intelligentes Kollektiv ohne Zentrum. Vergleichbar den Wurzeln einer Pflanze. Das soziale Netzwerk der

---

[340] Ekkehard W. Stegemann; Paulus und die Welt. Aufsätze, S. 81.
[341] Faulstich, Peter/Vespermann, Per/Zeuner, Christine (2001); Bestandsaufnahme regionaler und überregionaler Kooperationsverbünde/Netzwerke im Bereich Lebensbegleitendes Lernen in Deutschland. Hamburg: Universität), S. 14.
[342] Ich beziehe mich auf den Titel: Christakis, N. A., & Fowler, J. H. (2010); Connected! Die Macht sozialer Netzwerke und warum Glück ansteckend ist. Frankfurt am Main: Fischer.

messianischen Gemeinden war eine neue Form von (spiritueller) Intelligenz. Die Befreiung von männlichen Siegen-müssen – und Besiegten-werdens und Unterlegen-seins. Als Folge und Ausdruck des apokalyptischen Durchbruchs durch die Auferweckung des gekreuzigten Jesus. Ein völlig anderes Bild der Welt. Ein Wunsch. Eine Vision davon, „wie die Präsenz Gottes unter den Menschen und der Menschen unter Gott zu denken ist"[343]. Das Netzwerk performt die Apokalyptik. Das messianische Netzwerk der Gemeinden fördert den Mut, das zu tun, was die Liebe zum Leben und die Hoffnungsfähigkeit im Leiden unterstützt. Die Erwartung einer baldigen Zukunft ist mit einer Ethik der Verantwortung für Heute verbunden. Das ist eine neue Form von sozialer Intelligenz – jenseits der asozialen Intelligenz einer Verderben bringenden Herrschaft, Macht und Ausbeutung. Das messianische Netzwerk steht gegen das römische Imperium. Heute ist das „der Westen". Das messianische Netzwerk bringt inhaltlich das „entsagungsreiche Glück der Güte"[344] zum Ausdruck. Es verkörpert sich sozial in Beziehungen. Paulus schreibt in Gal 6, 10: „Solange wir also noch Zeit haben, wollen wir das Gute bewirken für alle Menschen, insbesondere für die, die in der Lebensordnung des Vertrauens Wohnung genommen haben."[345] Paulus hat sich von dem freigemacht, was damals zweifelsfrei und real für wahrhaftig entscheidend galt, dem Siegen-müssen um jeden Preis. Er hat zusammen mit anderen, den „συνεργοί"[346], – Hoffnung

---

[343] Uwe Jochum, Die Sendung des Paulus. Politik der Umkehr, S. 161-162.

[344] Emmanuel Lévinas; Totalität und Unendlichkeit. Versuche über Exteritorität, S. 422.

[345] So in BigS.

[346] Vgl. folgende Stellen und Namen: Aquila und Priscilla (Röm 16:3); Urbanus (Röm 16:9); Timotheus (Röm 16:21, 1. Thes 3:2); Titus (2. Kor 8:23)

generierend - nach anderen Spielregeln eines gedeihlichen Zusammenlebens gesucht und sie gelebt. Er hat mit anderen zusammen während des Spiels für sich und die anderen im Netzwerk der messianischen Gemeinde die gängigen (patriarchalen) Spielregeln des Zusammenlebens geändert[347]. Das war postmodern, bevor es die Moderne gab. Eine Disruption. In diesem Sinne ist der Netzwerker Paulus auch ein Philosoph. Er fand (nicht nur für sich) eine Antwort auf die Frage: „Was können wir machen, wenn wir nichts mehr machen können?"[348] Heute nennt man das einen „Disruptionspunkt"[349]. Das geschah bei Paulus vor den Toren von Damaskus. Dort wurde Paulus – durch die Hilfe und mit der Hilfe von anderen – (auch) zum Netzwerker. Er wurde zu einem Hub[350]. „Einer der ersten menschlichen Hubs war der Apostel Paulus, der von Dorf zu Dorf wanderte, um die christliche Botschaft unter das Volk zu bringen. Zuerst besuchte Paulus die größten Gemeinden, dann die kleineren. Paulus war der effizienteste Handlungsreisende des Christentums, ... er nutzte Theologie und soziale Netzwerke gleichermaßen. Ähnlich wie das moderne Marketing." Er war ein Verteiler, der viele miteinander verbunden

---

Ephaphroditus (Phil 2:25); Aristarchus, Markus (der Neffe des Barnabas) und Jesus, der Justus genannt wird (Kol 4:10-11); Philemon (Phlm 1:1); Markus, Aristarchus, Demas, Lukas (Phlm 1:24) und öfters.

[347] Siehe: Von der Freundschaft als Lebensweise. Michel Foucault im Gespräch. Deutsch von Marianne Karbe und Walter Seitter, Berlin 1984, S. 22: „Philosophie als Aktivität. Denn Philosophie ist eine Bewegung, mit deren Hilfe man sich nicht ohne Anstrengung und Zögern, nicht ohne Träume und Illusionen von dem freimacht, was für wahr gilt, und nach anderen Spielregeln sucht. Philosophie ist jene Verschiebung und Transformation der Denkrahmen, die Modifizierung etablierter Werte und all der Arbeit, die gemacht wird, um anders zu denken, um anderes zu machen und anders zu werden als man ist."

[348] Thomas Lehnerer; Lesebuch, S. 58.

[349] Chrisoph Keese; Disrupt Yourself, S. 131.

[350] In der Netzwerkterminologie ist das eine Nabe bzw. ein Knotenpunkt; ein Hub verbindet und verteilt.

Netzwerke gleichermaßen. Ähnlich wie das moderne Marketing."[351] Er war ein Verteiler, der viele miteinander verbunden hat. Der Brücken-Bauer[352] Paulus war gut vernetzt. Er war linked[353]. Deshalb (auch) sein Erfolg.

---

[351] Zitiert nach Max Rauner; Ziemlich verknotet. Quelle:
https://www.zeit.de/2004/10/N-Netzwerktheorie/komplettansicht
Er bezieht sich hier auf: Albert-László Barabási; Linked. The New Science of networks., S. 4: "But Paul understood that this was not enough: The message had to spread. So he used his firsthand knowledge of the social network of the first century's civilized world from Rome to Jerusalem to reach and convert as many people as he could. He walked nearly 10,000 miles in the next twelve years of his life. He did not wander randomly, however; hereached out to the biggest communities of his era, to the people and places in which the faith could germinate and spread most effectively. He was the first and by far the most effective salesperson of Christianity, using theology and social networks equally effectively."
[352] "Paul, despite his initial intentions, became a bridge builder between early Christian communities." (Albert-László Barabási; Linked. The New Science of networks, S. 4)
[353] So heißt das Buch von: Albert-László Barabási; Linked. The New Science of networks.

6. Rezeptionsgeschichte

6.1. Paulus - „ein Genie der Projektion"[354]

Wie kann es sein, dass Paulus einerseits eine unfassbare, über 2000 Jahre andauernde und intensive Rezeption erfahren hat und gleichzeitig „wohl der am meisten missverstandene Autor des Neuen Testaments"[355] sein soll? Wie ist das möglich? Gibt es hierfür eine Erklärung?

Eine erste vorläufige Vermutung: „Nur wenige hätten die Sprengkraft seiner Theologie erfasst."[356]

Das ist ein zaghafter Hinweis auf Disruption. Paulus hat „die messianische Revolte universalisiert"[357]. Jesus als Messias entlarvt und delegitimiert jede Herrschaft und jeden Sieger und jegliches männliches Siegen-müssen. „Die Position des Paulus impliziert keine positive politische Form. Deshalb können sich alle unterdrückten Völker und Gruppen mit ihr identifizieren."[358] Paulus – das ist das unvorstellbare Jenseits von Sieg und Niederlage, das Ganz-anders als Sieg und Niederlage und noch nicht mal das. Wir nennen es messianische Zeit und „messianische Logik"[359] – das gab es noch nie! Im Netzwerk der messianischen Hausgemeinden zeigte sich eine neue und universale Weltordnung. „Dadurch gerät sie (= die paulinische

---

[354] Peter Sloterdijk; Glaube, Fegefeuer des Zweifels. Auserwählte und Ungeliebte – Luther, Paulus, Augustin und ein folgenschwerer Denkfehler. In NZZ. Quelle: https://www.nzz.ch/feuilleton/luther-und-die-folgen-glaube-die-hoelle-des-zweifels-ld.119711

[355] Jörg Frey; Der Jude Paulus und der Nomos. In: Jacob Thiessen (Hrsg.); Das antike Judentum und die Paulusexegese, S. 48.

[356] Ebd., S. 48.

[357] Hartwich & Assmann & Assmann im Nachwort in: Jacob Taubes; Die politische Theologie des Paulus, S. 152.

[358] Ebd.

[359] Vgl. ebd., S. 153.

Ekklesiologie, Th.R.) mit dem Imperium Romanum, das denselben Anspruch verkörpert, in Konflikt."[360] Das heißt für mich: die messianischen Hausgemeinden haben das gigantische Römerreich mit seiner Militärmaschine und seiner erfolgreichen Gewaltherrschaft wie ein modernes Start-up-Unternehmen disruptiert[361]. Das hatte Folgen. Paulus ist als eine „kontroverse Gestalt"[362] wahrzunehmen. Das hat sein Engagement für die messianische Zeit mit sich gebracht. Schließlich war sein Völker-Apostel-Sein ein „Versuch, in der Wahrheit zu leben"[363].Und das meint, – wie er das, was ihm vor Damaskus widerfahren ist, wie er das aufnimmt, sich darauf einstellt, und mit seinem Leben darauf zu antworten versucht hat. Das machte ihn angreifbar, umstritten und auch befremdlich fanatisch.

Diese Disruption wurde (bis heute) – trotz einer außerordentlichen und bemerkenswerten Rezeptionsgeschichte – unterschätzt.

1. Die authentischen Paulusbriefe sind Gelegenheitsschreiben. Momentaufnahmen. Schnappschüsse. Zufallsereignisse, die etwas Exemplarisches zum Ausdruck bringen. Deshalb haben sie sich ins Menschheitsgedächtnis eingraviert. Das ist das Ergebnis der anfänglichen Rezeption der Paulusbriefe – sie wurden

---

[360] Hartwich & Assmann & Assmann im Nachwort in: Jacob Taubes; Die politische Theologie des Paulus, S. 164.

[361] Noch ein Hinweis auf Disruption liegt in dem Satz von Alfred Loisy aus dem Jahre 1902: „Jesus kündete das Reich Gottes an und gekommen ist die Kirche." (Alfred Loisy: L'évangile et l'église, Paris 1902; unveränderter Nachdruck: Frankfurt am Main, 1973: „Jésus annonçait le royaume, et c'est l'Église qui est venue.")

[362] Samuel Vollenweider (2005). Paulus zwischen Exegese und Wirkungsgeschichte. In: Mayordomo, M.; Die prägende Kraft der Texte. Hermeneutik und Wirkungsgeschichte des Neuen Testaments (Ein Symposium zu Ehren von Ulrich Luz). Stuttgart, S. 158.

[363] Václav Havel; Versuch, in der Wahrheit zu leben. Von der Macht der Ohnmächtigen, aus dem Tschechischen von G. Laub, Reinbek bei Hamburg 198

gelesen - und als Teil des NT kanonisiert - einschließlich einer überaus dramatischen Darstellung des Paulus durch Lukas in der Apostelschichte. Paulus war ein guter Stoff. Großes Kino! Auch die anfängliche Rezeption der Paulusbriefe selbst gehört noch zum Kanon neutestamentlicher Schriften: Kolosserbrief, Pastoralbriefe: 1Tim, 2Tim, Tit.

2. Die Paulusbriefe sind offene Texte, wie offene Kunstwerke[364]: Bleibend mehrdeutig, vieldeutig. Sie sind zeit- und situationsabhängige Kommunikationsversuche in Form von Briefen. Sie wollen gelesen werden. Sie sind Literatur. Sie fordern heraus und betonen die aktive Anteilnahme des Lesers / des Hörers. Der Leser / der Hörer ist einbezogen. Paulus hat keine Protokolle geschrieben. Angesichts ihrer Vieldeutigkeit stellt sich die Frage: Welcher Schlüssel passt denn da? Jede Generation hat sich deshalb neu mit ihnen zu befassen. An den Paulusbriefen wird erlebbar, dass jeder Text erst durch die Interaktion mit einem Leser vollgültig entsteht. Sie sind einer Partitur[365] vergleichbar. Wir brauchen einen Notenschlüssel und eine Gelegenheit zur Aufführung.

3. Paulus und die Paulusbriefe wurden fast[366] ausnahmslos von Männern   rezipiert.   Das   ist   erstaunlich.   Unter   den

---

[364] In Anlehnung an Umberto Eco; Das offene Kunstwerk. 1977.

[365] So der rezeptionsästhetische Ansatz von Wolfgang Iser; Der Akt des Lesens, S. 177.

[366] Schon die drei pseudepigraphen Paulusbriefe an Timotheus und Titus zeigen die verschiedenen Paulusbilder seiner Zeit und beziehen sich auf seine Autorität.

„Der Brief des Polykarp, der vermutlich nicht lange nach den Briefen des Ignatius zu datieren ist, ist demnach ein weiterer Zeuge dafür, dass sich frühchristliche Theologen um die Mitte des 2. Jahrhunderts zur Stärkung ihrer eigenen Belehrungen auf die Autorität des Paulus und seine Briefe beziehen konnten." (Jens Schröter; Sammlungen der Paulusbriefe und die Entstehung des neutestamentlichen Kanons, S. 813. In: Jens Schröter, Simon Butticaz und Andreas Dettwiler (Hrsg.); Receptions of Paul in Early Christianity. The

Gegenwartsphilosophen ist ein Paulus-Hype ausgebrochen, obwohl Paulus als widerlegt gelten kann. De facto hat schon das 20. Jahrhundert einerseits Paulus von Tarsus Punkt für Punkt widerlegt: Es gibt mehr Herren und Knechte wie je zuvor. Andererseits gilt die Gegenwart nach wie vor als gültige Adresse der Paulinischen Briefe. In diesem Streit um Paulus beteiligen sich: Jacob Taubes[367], Alain Badiou[368], Giorgio Agamben[369], Slavoj Zizek[370], Gianni Vattimo[371]. Paulus gilt ihnen als radikal im Denken, extrem in der Hoffnung und als aktueller

---

Person of Paul and His Writings Through the Eyes of His Early Interpreters) Ausnahmen aus der heutigen feministischen Exegese sind Luise Schottroff, Beate Wehn, Bernadette Brooten, Ulrike Metternich, Elisabeth Schüssler-Fiorenza, Elsa Tamez, Marie-Theres Wacker, Andrea Bieler, Luzia Sutter Rehmann, Marlene Crüsemann, Brigitte Kahl, Claudia Janssen; Anders ist die Schönheit der Körper. Paulus und die Auferstehung in 1 Kor 15. Gütersloh 2005. Und viele andere mehr.

[367] Es geht Jacob Taubes um den jüdischen Paulus. Er will am Kreuzungspunkt von Judentum und Urchristentum Ausblicke auf Glaubens- und Lebensformen eröffnen, die durch institutionelle Verfestigung verschüttet und in der geschichtlichen Entwicklung vollends verdrängt worden sind. Er stellt Paulus in den Kontext der jüdischen Apokalyptik und rekonstruiert das christlich-jüdische Eifersuchtsverhältnis als Strukturmoment der abendländischen Geschichte.

[368] Es geht Alain Badiou darum, zentrale Strukturen seiner eigenen politischen Philosophie in Auseinandersetzung mit paulinischer Theologie und Praxis zu entwickeln. Er möchte eine Theorie des Subjekts begründen, die Subjektivität als Folge eines zufälligen Ereignisses bestimmt.

[369] Der italienische Philosoph Giorgio Agamben bezeichnet jedenfalls den Römerbrief des Apostels als "grundlegenden messianischen Text der westlichen Kultur". Für Agamben geht das exegetische Wissen der Bibel über in die Illuminationen des Philosophen, der, ausgehend von Schmitt, Kafka und Scholem, die Paulinischen Texte befragt.

[370] Slavoj Zizek geht es in seiner Auseinandersetzung mit Paulus um eine "neue ethische Fundierung", die die Postmoderne von ihrem Liberallsmus heilen könnte.

[371] Von Paulus lernt Gianni Vattimo ein "schwaches Denken" und empfiehlt seinen Zeitgenossen im 21. Jahrhundert ein Denken, das die Metaphysik überwindet.

denn je[372]. „Die Einzeichnung des Apostels in die Philosophie geht bis in die frühen Anfänge des Christentums zurück. Bereits die Apostelgeschichte lässt Paulus auf dem Areopag in der Manier eines Philosophen auftreten (Apg 17,16–34)."[373] Paulus genießt unter den Philosophen der Moderne und Spätmoderne eine bemerkenswert große Aufmerksamkeit. Denn Paulus erweist sich in jedem Fall als zentrale Gründungsfigur der westlichen Kultur.

6.2. Ausgewählte Beispiele der Rezeptionsgeschichte der paulinischen Briefe

Exemplarisch beziehe ich mich auf folgende Autoren:

6.2.1. Augustinus: 354 - 430

Was man von Augustinus lernen kann, ist die Art und Weise, wie jemand zufälligen lebensgeschichtlichen Ereignissen im Nachhinein eine Notwendigkeit verleiht und damit Autobiografische Konsistenz erzeugt. Das hat Augustinus sich von Paulus - gerade was die radikale Umkehr mitten im Leben anbelangt - abgeschaut. Augustinus schreibt in den Confessiones wie er, von Zweifeln geplagt, in einem Garten in Mailand eine Kinderstimme sagen hört: "Tolle, lege" - nimm und lies. Augustinus schlug den Römerbrief auf und las: „... ohne maßloses Essen und Trinken, ohne Unzucht und Ausschweifung, ohne Streit und Eifersucht. Legt (als neues Gewand) den Herrn Jesus Christus an, und sorgt nicht so für euren Leib, dass die

---

[372] In Anlehnung an: Rolf Spinnler; Ein Sieg über das Siegen. In: Die Zeit vom 17.12.2008. Der Untertitel lautet: „Radikal im Denken, extrem in der Hoffnung: Warum der Apostel Paulus aktueller ist denn je – und sich selbst die wichtigsten Philosophen der Gegenwart für ihn begeistern."
[373] Christian Strecker/Joachim Valentin (Hrsg.); Paulus unter den Philosophen. 2013, S. 8.

Begierden erwachen" (Röm 13,13). Augustinus steht im Trend jener starken Paulusrenaissance, die in der zweiten Hälfte des 4. Jh. im Osten wie im Westen des römischen Reiches zu beobachten ist. „In den 390er Jahren kommt es sodann unter dem Einfluss intensiver Paulusstudien zu einer umstürzenden Wende. ... Augustin modelliert sogar seine eigene Bekehrung nach dem Vorbild des von Gott grundlos berufenen Verfolgers. Dabei stößt er auf die Macht des göttlichen Wirkens, auf Gottes Gnade, die allen Werken vorausgeht: Paulus wird zu seinem Kronzeugen für das unendliche Gewicht der Gnade Gottes, die das gute Wollen wirkt (1Kor 4,7; Phil 2,12f; Röm 9,16; 11,36)."[374] Durch Röm 7 lernt er, endgültig und in einem modernen Sinne „Ich" zu sagen. Er liest Röm 7 „als Text, der das Leben der Christen beschreibt"[375]. Auf diesem Weg der Auseinandersetzung mit Paulus wird Augustinus zum Erfinder der modernen Autobiografie in den Confessiones. Beide sind angetrieben von einer exemplarischen „Unruhe der Selbstsuche"[376]. Beider unfassbare und unableitbare „Weise der Selbstbehauptung des Ichs"[377] ist ungeheuerlich - und geradezu modern. Sie hatten lebensgeschichtlich einen „falschen" Weg eingeschlagen. Und haben aus ihrem „Irrsal" antifragil[378] ein Schicksal gemacht. Sie konnten aufgrund belastender Ereignisse und Entscheidungen in ihrer Vergangenheit über sich hinauswachsen; es hat sie nicht gebrochen. Ihr Scheitern hat sie unerwartet stark gemacht.

---

[374] Vollenweider, Samuel (2005). Paulus zwischen Exegese und Wirkungsgeschichte. In: Mayordomo, M. Die prägende Kraft der Texte. Hermeneutik und Wirkungsgeschichte des Neuen Testaments (Ein Symposium zu Ehren von Ulrich Luz). Stuttgart, S. 150.

[375] Ebd.

[376] Henning Luther; Religion und Alltag, S. 132.

[377] Lukas Bormann; Autobiografische Fiktionalität bei Paulus. In: Eve-Marie Becker & Peter Pilhofer (Hrsg.); Biographie und Persönlichkeit des Paulus, S. 124.

[378] In Anlehnung an Nassim Nicolas Taleb; Antifragil, S. 70.

Daraus zieht Paulus die Schlußfolgerung: „Also kommt es nicht auf das Wollen und Streben des Menschen an, sondern auf das Erbarmen Gottes"[379]. Und Augustinus konstatiert aufgrund seiner Paulus-Lektüre[380] mit unerschütterlicher Überzeugung: „Gib, was Du befiehlst, und befiehl, was Du willst"[381]. Hier beginnt das schwere Erbe des Augustinus, der mit seiner Gnaden- und Erbsündenlehre verheerende Spuren in der Geistes- und Kulturgeschichte hinterlassen hat. Augustinus (ver)kennt seinen Paulus: „Er, der sich in 2 Kor 12,10 selbst als krank bezeichnet, trägt nach 2 Kor 12,7 einen Stachel in seinem Fleisch, der ihn vor Hochmut bewahrt; in der Deutung des Augustinus steht dieser Stachel für eine lebenslange ‚Nachbehandlung', die Jesus dem Patienten Paulus nach der Schocktherapie von Damaskus verordnete: Zwar verursacht sie beständige Schmerzen, stellt aber sicher, dass der Patient nicht rückfällig wird. Paulus ist demnach nicht nur der auf spektakuläre Weise vom Wahnsinn des Christenhasses Geheilte, sondern auch exemplum für den Christen, der sich in seiner ganzen Existenz als sünden-krank und als ständiger Patient des göttlichen Arztes begreifen soll."[382] Das nennt Kurt Flasch - beim Erfinder der Autobiografie - „die Logik des Schreckens"[383].

---

[379] Röm 9,16

[380] „... ohne maßloses Essen und Trinken, ohne Unzucht und Ausschweifung, ohne Streit und Eifersucht. Legt (als neues Gewand) den Herrn Jesus Christus an, und sorgt nicht so für euren Leib, dass die Begierden erwachen" (Röm 13,13).

[381] Conf. 10,40.45.60.

[382] Dorothea Weber; Medicorum pueri – Zu einer Metapher bei Augustinus. In: ZAC 2013; 17(1): 125–142, S. 128.

[383] Vgl. Kurt Flasch; Logik des Schreckens. Augustinus von Hippo. De diversis quaestionibus ad Simplicianum I 2. Dieterich, Mainz 1990

6.2.2. Martin Luther: 1483 - 1546

Luther begreift die Paulusbriefe nicht als eigenständiges Kom-
munikationsgeschehen im Netzwerk der messianischen Gemeinden. Er nutzt sie als Hilfestellung zur Bewältigung seiner
persönlichen Ängste und seiner existentiellen Gewissenqualen.
Martin Luthers Frage: Wie bekomme ich einen gnädigen Gott?
ist heute verstummt. Wer Angst hat, geht zum Therapeuten
oder zu Facharzt der Psychiatrie. Von der Rechtfertigung aus
Glauben des Paulus erwartet niemand heute eine Antwort
mehr. Heute ist es wichtig, zwischen den sozialhistorischen
Rahmenbedingungen des Paulus und denen Luthers, sauber zu
unterscheiden. Durch Luthers Auseinandersetzung mit den
Paulusbriefen – genau durch: Röm 1,16[384] und Röm 3,24-26[385]
und Gal[386] - geriet Paulus mitten in die Reformation. Als Exeget
des Paulus ist Luther zum Reformator geworden. Die Paulusbriefe haben Luther bestärkt. Denn Luther erkennt, dass die
Bußpraxis der mittelalterlichen Kirche ihm persönlich absolut
nicht weiterhilft. Was ihm letztlich hilft, sind die biblischen
Aussagen über Gottes grundlose Gnade, die er in den Paulusbriefen findet. Luther hatte die spätmittelalterliche Papstkirche
vor Augen, die durch Messstipendien- und Ablasswesen mit
Höllen-Drohung und Heils-Angst der Menschen Geschäfte

---

[384] Röm 1,16: „Es ist die Kraft Gottes, die jeden rettet, der daran glaubt."
[385] Darauf weist insbesondere der seit 1539 in Luthers Bibelübersetzung her-
vorgehobene Abschnitt Röm 3, 24-26 hin. Hierzu erklärt Luther in einer Randglosse zu Röm 3, 23ff. bereits im Septembertestament von 1522: „Merck diß,
da er sagt, Sie sind alle sunder etc. ist das hewbtstuck vnd der mittel platz dißer Epistel und der gantzen schrifft. Nemlich, das alles sund ist, was nicht
durch das blut Christi erloset, ym glauben gerechtfertigt wird". (Martin Luther: Werke. Kritische Gesamtausgabe (WA). Deutsche Bibel (DB). Bd. 7. Weimar 1883ff. S. 38f.)
[386] Luther: „Epistola ad Galatas [also der Brief des Paulus an die Galater] ist
mein epistelcha, der ich mich vertraut habe; ist mein Keth von Bor [Katharina
von Bora]."

machte. Auf seine Frage "Wie finde ich einen gnädigen Gott?" fand er - in gut augustinischer Tradition - bei Paulus als rettende Antwort: Nicht durch religiöse Leistungen oder sog. Werke, sondern durch Glauben wird der Mensch gerechtfertigt. Seitdem lesen wir Paulus durch die Brille Luthers und sind gewohnt die Rechtfertigung für das Zentrum paulinischer Theologie zu halten. „Wir interpretieren Paulus falsch, wenn wir ihn mit Luthers Augen sehen."[387] Und wir sollten registrieren, dass auch Luther etwas Fanatisches an sich hatte (und vermutlich auch zeitlebens behielt). Sein Biograf Heinz Schilling spricht vom seinem „unheiligen Zorn"[388] und seiner „existentielle(n) Entschiedenheit"[389]. Er war ein junger Mann, der „es ernst meinte"[390] und er blieb es. „Luther führte einen, wenn Sie so wollen, ‚heiligen Krieg' gegen die Werkgerechtigkeit, das heißt, gegen jegliches Ursache-Wirkungs-Denken im Verhältnis zu Gott."[391]

Ich fasse zusammen: Luther ist einer der Fanatiker in der Paulus-Linie.

Zu fokussieren ist heute auf die soziale und ethnische Dimension / Implikationen dessen, was Paulus unter dem Evangelium versteht: die messianischen Gemeinden als einen „Ermöglichungsraum" von tolerantem und würdevollem Zusammenleben von Menschen aus unterschiedlichen Schichten, Religionen und Weltanschauungen, Herkunftsländern und Heimaten

---

[387] Ed Parish Sanders: Paulus. Eine Einführung. Stuttgart 1995. S. 74.

[388] Heinz Schilling; Martin Luther. Rebell in einer Zeit des Umbruchs, S.73.

[389] »Ich bin dazu geboren, das ich mit den rotten und teuffeln mus kriegen und zu Felde ligen, (D. Martin Luthers Werke. Kritische Gesamtausgabe. 30. Band. Zweite Abteilung. Weimar Hermann Böhlaus Nachfolger 1909, S. 68, 12).

[390] Vgl. Erik H. Erikson; Der junge Mann Luther, S. 187-245.

[391] Thea Dorn in einem Interview mit dem Titel "Luther fand nicht zur Seelenruhe". Quelle: https://www.fr.de/kultur/luther-fand-nicht-seelenruhe-11051341.html

verstehen, um den Planeten Erde schonen und die zukünftigen Generationen mit bedenken zu können. Würde und Universalität sind heute die Themen. Mit dem „gnädigen Gott" ist es vorbei.

6.2.3. Friedrich Nietzsche: 1844 - 1900

Nietzsche hat sich mit Paulus heftig und oft auseinandergesetzt und sich an ihm regelrecht abgearbeitet. „Nietzsche war vielleicht der einzige, der verstanden hat, worum es zwischen dem Christentum und dem Jetzt geht."[392] Das mag übertrieben sein. Jedenfalls hat Nietzsche seinen Paulus hervorragend gut gekannt. Auch das Fanatische hat er an Paulus gespürt und gemutmaßt: „Der Fanatismus ein Mittel gegen den Ekel an sich."[393] Er war auf Paulus eifersüchtig[394]. Man könnte es auch eine unbändige Hass-Liebe nennen. Und das nicht ohne Grund. „Es sind die Werte des Paulus, die für Nietzsche nach wie vor in Geltung sind. Wenn Nietzsche die geltenden Werte umwerten und neue Wege für das Denken bahnen will, dann ist es Paulus, mit dem er sich auseinandersetzen muss."[395] Hier setzt Nietzsche an.

Er sieht psychologisch sehr genau, wie sich menschliches Tun und menschliches Wollen unterscheiden (können): „Alle tieferen Menschen sind darin einmüthig – es kommt Luther, Augustin, Paulus zum Bewußtsein -, daß unsere Moralität und deren Ergebnisse nicht mit unserem bewußten Willen sich decken."[396]

---

[392] Jacob Taubes; Die politische Theologie des Paulus, S. 116.

[393] So Friedrich Nietzsche in den Fragmenten vom Sommer 1880, die die Morgenröthe vorbereiten. Quelle: KSA 9, S. 144.

[394] Vgl. den Hinweis bei Jacob Taubes; Die politische Theologie des Paulus, S. 118.

[395] Daniel Havemann; Der Anti-Philosoph. Nietzsches Paulusdeutung. In: Ch. Strecker & J. Valentin (Hrsg.); Paulus unter den Philosophen, S. 60.

[396] Friedrich Nietzsche; Nachgelassene Fragmente 1885-87, Kritische Studienausgabe, Bd. 12, S. 24.

Der Mensch steuert sich nicht über sein Ich. Deshalb meint Nietzsche bei Paulus plausibel diagnostizieren zu können: „Sein Bedürfnis war die Macht; mit Paulus wollte nochmals der Priester zur Macht"[397]. Das „Kreuz" und die „Rechtfertigung" würden in den Paulusbriefen zur einzig möglichen Moral für die Schwachen und Ohnmächtigen der Gesellschaft. Und weil sich die Schwachen mit ihrer Moral, ihrer „Sklavenmoral"[398], durchgesetzt haben, entfalteten sie zweifellos große Macht. Das war ihre Rache / ihr Ressentiment an den Herren und Eliten. Deshalb nennt er Paulus einen „Apostel der Rache"[399]. Der paulinische „Gott am Kreuz" war nach Nietzsche alles andere als ohnmächtig und schwach. Es war vielmehr eine kühne Umwertung, die nur von einem „Umwerter" wie Nietzsche selbst bemerkt und gesehen werden konnte. Die darin unterstellte / versteckte Heuchelei eines „Willens zur Macht" hat Nietzsche gnadenlos entlarvt. Nietzsche behauptet, dass der kranke „Idiot" Jesus vom kranken „Genie" Paulus abgelöst worden sei[400]. Deshalb die maßlosen und abfälligen Äußerungen Nietzsches gegen Paulus. Keiner ist in derselben Weise Gegenstand des persönlichen Hohnes, Abscheus, Ekels und Widerwillens Nietzsches geworden wie eben der Apostel Paulus. Der Apokalyptik des Paulus begegnet Nietzsche mit der messerscharfen Diagnose: „[...] Instinkt-Haß *gegen* jede Wirklichkeit [...]"[401]

---

[397] F. Nietzsche; Werke III Antichrist 42, S. 650; KSA 6, 216.

[398] Rechte Intellektuelle berufen sich oft auf Nietzsches Konzept der Sklavenmoral. Da muss man aufhorchen. So: Schubert, Karsten (2020): »Political Correctness« als Sklavenmoral? Zur politischen Theorie der Privilegienkritik. In: Leviathan 48 (1), S. 29–51.

[399] F. Nietzsche; Werke III Antichrist 45, S. 656. Siehe auch: Daniel Havemann; Der "Apostel der Rache". Nietzsches Paulusdeutung. 2002.

[400] In Anlehnung an: Marcus Andreas Born; Die Selbstaufhebung des Christentums. In: Nihilistisches Geschichtsdenken. Nietzsches perspektivische Genealogie, S. 75–113.

[401] F. Nietzsche; Werke III Antichrist 39, S. 647.

Nietzsche empfindet den Glauben an ein Jenseits als Entwertung des Diesseits. Nietzsche unterstellt – und das ist sein Umwertungsversuch: „mit Paulus wollte nochmals der Priester zur Macht, - er konnte nur Begriffe, Lehren, Symbole brauchen, mit denen man Massen tyrannisiert, Herden bildet."[402] Das (paulinische) Christentum entlarvt er als falsche Moral. Nietzsche ist empört und klagt an: „das Jenseits als Wille zur Verneinung jeder Realität; das Kreuz als Erkennungszeichen für die unterirdischste Verschwörung, die es gegeben hat, - gegen Gesundheit, Schönheit, Wohlgeratenheit, Tapferkeit, Geist, *Güte* der Seele, *gegen das Leben selbst...*"[403] Er will deshalb „eine Umwertung aller Werte"[404]. Nietzsche will die Arbeit des Racheapostels Paulus – die Sklavenmoral - zunichtemachen. Er identifiziert und bekämpft Paulus als denjenigen, „der die Weltreligion des schlechten Gewissens gestiftet hat – den Export von Schuld und den Großhandel mit ihrer Verzeihung"[405]. Letztlich ging es Nietzsche in seiner Kritik und in der Auseinandersetzung mit Paulus nicht darum das Christentum abzuschaffen, sondern das ursprüngliche Recht des Evangeliums wieder zur Geltung bringen. Damit würden sich das Konstrukt einer Un-Heilsgeschichte von vorgeblicher Sünde und falscher Erlösung auflösen. "Ein Gott für unsere Sünden gestorben: eine Erlösung durch den Glauben: eine Wiederauferstehung nach dem Tod - das sind alles Falschmünzereien des eigentlichen Christentums, für die man jenen unheilvollen Querkopf (= Paulus, Th.R.) verantwortlich machen muss."[406] Für Nietzsche starb

---

[402] F. Nietzsche; Werke III Anti-Christ 42, S. 650; KSA 6, 216.
[403] F. Nietzsche; Werke III Anti-Christ 62, S. 681.
[404] F. Nietzsche; Werke III Götzen-Dämmerung, S. 387.
[405] Peter Sloterdijk; Nach Gott: Glaubens- und Unglaubensversuche, S. 83.
[406] KSA 13, 103.

„der frohe Botschafter"[407] wie er lebte und wie er lehrte, nicht um die Menschen zu erlösen, sondern um ihnen zu zeigen, wie man zu leben hat. Nietzsche kritisiert das „Christentum des Paulus"[408] und verweist auf dessen jesuanischen Ursprung: „– Ich kehre zurück, ich erzähle die echte Geschichte des Christenthums. – Das Wort schon »Christenthum« ist ein Mißverständniß –, im Grunde gab es nur einen Christen, und der starb am Kreuz. Das »Evangelium« starb am Kreuz. Was von diesem Augenblick an »Evangelium« heißt, war bereits der Gegensatz dessen, was *er* gelebt: eine » schlimme Botschaft«, ein Dysangelium. Es ist falsch bis zum Unsinn, wenn man in einem »Glauben«, etwa im Glauben an die Erlösung durch Christus das Abzeichen des Christen sieht: bloß die christliche Praktik, ein Leben so wie der, der am Kreuze starb, es lebte, ist christlich..."[409]

6.2.4. Karl Barth: 1886 – 1968

Die Erschütterung der theologischen und kirchlichen Landschaft, die Karl Barths Kommentare zum Römerbrief (1919/1922) und der Tambacher Vortrag «Der Christ in der Gesellschaft» (1919) auslösten, lässt sich mit der Eruption eines Vulkanausbruchs vergleichen. Den Gräueln des ersten Weltkriegs, den sozialen Nöten der Arbeiter*innen in seiner Landgemeinde Safenwil und seiner eigenen allsonntäglichen Predigtnot war die Theologie seiner überwiegend liberalen theologischen Lehrer nicht gewachsen. Stattdessen entdeckte Karl Barth für sich Paulus und die Paulusbriefe – vor allem den Römerbrief und fand eine Antwort auf seine Frage: „Wie kann ich, gerade ich Mensch, Gottes Wort, gerade Gottes Wort

---

[407] F. Nietzsche; Werke III Antichrist 42, S. 650. Vgl. Heinrich Detering: Der Antichrist und der Gekreuzigte. Friedrich Nietzsches letzte Texte.
[408] F. Nietzsche; Werke III Anti-Christ 24, S. 631.
[409] F. Nietzsche; Werke III Anti-Christ 39, S. 646.

weitersagen?"[410] Mitten im Ersten Weltkrieg begann er mit der Auslegung des Römerbriefes. 1918 schloss er sie ab. In ihr eifert Barth für die Gottheit Gottes: „Gott ist Gott!" In den Jahren 1920/21 schreibt er eine zweite Fassung. Eindringlich hatte er die "Offenbarung" aller "Religion" gegenübergestellt und versucht, "Gottes Offenbarung als Aufhebung der Religion"[411] darzustellen. Religion und Offenbarung fallen strikt auseinander. Die sog. Dialektische Theologie war geboren. Gott offenbare sich in Jesus Christus im völligen Gegensatz zu menschlicher Religion. Im Kreuzestod Jesu zeige Gott sein wahres Wesen: Damit entlarvt er alles eigenmächtige Streben nach einer Synthese zwischen Gott und Mensch als Sünde. Religion erscheint als Menschenwerk, als Eigenmacht und Verleugnung des wahren, zu Leiden und Tod für den Menschen fähigen Gottes. Religion führt niemals zu Gott. „Religion ist Unglaube; Religion ist eine Angelegenheit, man muß geradezu sagen: die Angelegenheit des gottlosen Menschen."[412] Und eine christliche Religion nur denkbar als ein „[...] uns völlig unbegreiflicher Freispruch"[413] Barth bezog diese Kritik 1938 besonders auf den Protestantismus seiner Gegenwart, der sich mit dem Staat[414] verbündete und konfessionellem Sonderbesitz anhing, dabei aber den mit den Juden leidenden und sterbenden Gott verleugnete und übersah. Barths Pauluslektüre holt Paulus, den Völkerapostel, aus dem historischen Abstand heraus und stellt ihn in die Gegenwart. So entdeckt Barth die Ander(s)heit, die

---

[410] Quelle: https://www.livenet.de/themen/glaube/bibel/bibelstudium/roemer-brief/132574-roemerbrief_ein_schluesseldokument.html
[411] So lautet programmatisch die Überschrift des § 17 in: Karl Barth; Kirchliche Dogmatik I/2. 1938.
[412] Karl Barth: KD, Bd 1 zweiter Halbb., 1938, S.327, Z.6ff.
[413] Karl Barth: KD, Bd 1 zweiter Halbb., 1938, S.388, Z.33f.
[414] In Deutschland mit den Nazis.

Alterität Gottes, dem „Ganz-anders-Sein Gottes"[415]. Barths theologisches Denken ist die Position eines Außenseiters: Gott sei die eigentliche Krise der gegenwärtigen menschlichen Kultur und christlichen Religion und nicht die bedrängenden Nöte seiner Zeit. Barth entwickelt seine Position in Auseinandersetzung mit dem deutsch-nationalen Kulturprotestantismus, später als Gegner des Nationalsozialismus und nach dem Zweiten Weltkrieg als Befürworter eines „dritten Weges" zwischen Kommunismus und sozialer Marktwirtschaft, dem „ernsthaften Sozialismus". Barth in seinen eigenen Worten: „Die Erwählungslehre ist die Summe des Evangeliums, weil dies das Beste ist, was je gesagt und gehört werden kann: dass Gott den Menschen wählt und also auch für ihn der in Freiheit Liebende ist. Sie ist in der Erkenntnis Jesu Christi begründet, weil dieser der erwählende Gott und der erwählte Mensch in Einem ist."[416] Noch in diesen späten Sätzen (1932-1967) ist zu hören, wie eindringlich der frühe Barth (1919 und 1922) seinen Paulus gelesen hat: Denken im Widerspruch – aber als „Genosse Gottes"[417]. Einer, der „es ernst meint"[418]. Schon wieder ein Apostel. „Meine ganze Aufmerksamkeit war darauf gerichtet, durch das Historische hindurchzusehen in den Geist der Bibel, der der ewige Geist ist. Was einmal ernst gewesen ist, das ist es auch heute noch, und was heute ernst ist und nicht bloß Zufall und Schrulle, das steht auch in unmittelbarem Zusammenhang mit dem, was einst ernst gewesen ist. Unsere Fragen sind, wenn wir uns selber recht verstehen, die Fragen des Paulus, und des Paulus

---

[415] Dick Boer; Ein ganz anderer Gott. Das Lebenswerk Karl Barths (1886-1968) (Erev-Rav-Hefte Glaubenszeugnisse unserer Zeit Nr. 7). 2021.
[416] KD II/2, § 32, S. 1.
[417] Klaas Huizing; Gottes Genosse: Eine Annäherung an Karl Barth. Kreuz Verlag. 2018.
[418] Vgl. Erik H. Erikson; Der junge Mann Luther. Eine psychoanalytische und historische Studie.

Antworten müssen, wenn ihr Licht uns leuchtet, unsere Antworten sein."[419]

6.2.5. Walter Benjamin: 1892 - 1940

Von Paulus und Walter Benjamin stammen die "beiden höchsten messianischen Texte unserer Tradition"[420]. Gemeint sind die Paulusbriefe und die Thesen „Über den Begriff der Geschichte" von W. Benjamin. Sie liegen an die zweitausend Jahre auseinander. Beide wurden in radikal krisenhaften Zeiten geschrieben. Eine Konstellation liegt vor: D.h. – hermeneutisch gesehen – wird Paulus jetzt durch W. Benjamin lesbar. D.h. auch, dass die Paulusbriefe keine Texte sind, die wie jedes andere literarische Werk in jeder Zeit einer Vieldeutigkeit an Interpretationsmöglichkeiten unterliegt. Sie sind kein „offenes Kunstwerk" im Sinne Umberto Eco's. Es braucht vielmehr ein „Jetzt der Lesbarkeit (oder der Erkennbarkeit)"[421]. Das hermeneutische Prinzip ist das, was W. Benjamin eine „Konstellation"[422] nennt. Paulus und seine Briefe liefern W. Benjamin ein Bild, „worin das Gewesene mit dem Jetzt blitzhaft zu einer Konstellation zusammentritt"[423]. Das meint das Jetzt als Lesbarkeit oder Erkennbarkeit. „In ihm ist die Wahrheit mit Zeit bis zum Zerspringen geladen."[424] Eine bildhafte Beschreibung für Disruption.

Ein Beispiel:

Zu lesen ist bei Walter Benjamin: „Das wahre Bild der Vergangenheit huscht vorbei."[425] und zu hören ist Paulus: „es vergeht

---

[419] Karl Barth; Römerbrief (2. Fassung) 1978, S. III.
[420] Giorgio Agamben; Die Zeit, die bleibt. Ein Kommentar zum Römerbrief, S. 162.
[421] Walter Benjamin; GS V/1, S. 577f..
[422] Walter Benjamin; GS V/1, S. 578.
[423] Ebd.
[424] Ebd.
[425] Walter Benjamin; GS I/2, S. 695 = These 5.

nämlich die Gestalt dieser Welt"[426]. Von der Paulinischen Botschaft bis zu den Thesen „Über den Begriff der Geschichte"
Walter Benjamins bildet somit die Disruption von Vergangenheit und Zukunft, von Erinnerung und Hoffnung das Herz-
stück des Messianismus. Die messianische Zeit ist jetzt gerade.
Die Segel werden – jetzt eben gerade - gerefft. Die Zeit ist jetzt
gerade kurz. Die Zeit ist jetzt aus den Fugen geraten. „Jetztzeit"
und „Kairos / ἐν τῷ νῦν καιρῷ"[427] entsprechen sich. Das sind
messianische Bilder. Uns ist „eine schwache messianische Kraft
mitgegeben"[428]. Mit dem "Messianischen" ist die Kategorie genannt, die den Bogen von Paulus über den garstigen Graben
der Geschichte zu uns heute zu schlagen vermag. Sie reicht vom
Völkerapostel und seiner Rede von der (messianischen) "Kraft
in Schwachheit" (in 2 Kor) bis zu Walter Benjamins Rede vom
Messianischen, genauer: von der "schwachen messianischen
Kraft"[429]. Aus dem „Jetzt der Lesbarkeit" ergeben sich somit folgende, bemerkenswerte Konsequenzen:
1. Schlussfolgerung: Ein völlig neuer und befremdlicher, messianischer Lebensstil: Wenn „die Gestalt dieser Welt vergeht"[430], dann gilt für die Messias-Gläubigen: „Die messianische Berufung ist die Widerrufung jeder Berufung."[431] Wir haben keine Zeit (mehr) zu verlieren. Jetzt! Gläubige leben in der
Weise „als ob nicht = ὡς μὴ / hos me"[432]. Gläubige halten die
Welt nicht für gerettet. „Vielmehr betrachtet es (= das messianische Subjekt, Th. R.) die Rettung, indem es sich – mit den

---

[426] 1 Kor 7,31.
[427] Röm 3,26; 8,18; 11,5; 2 Kor 8,14.
[428] Walter Benjamin; GS I.2, S. 694.
[429] Ebd.
[430] 1 Kor 7, 31.
[431] Giorgio Agamben; Die Zeit, die bleibt. Ein Kommentar zum Römerbrief, S.
34.
[432] 1 Kor, 7, 29-32.

Worten Benjamins – im Unrettbaren verliert."[433] Der messianische Imperativ lautet somit: Disrupt yourself. Da ist keine Identität mehr zu haben, zu wollen oder notwendig. Nicht-Identität aushalten[434] - das ist die Fähigkeit der Stunde. Paulus lebt eine doppelte Nicht-Identität; sein Messias-Glaube brachte ihn in Konflikt mit dem Judentum seiner Zeit und dem römischen Imperium und seinen Cäsaren.

Die Jetztzeit disruptiert die Antworten und hält die Fragen offen. Wer bin ich? dann noch?? Ich bin ja „als ob nicht" – „Christus lebt in mir"[435]. Was ist das? Wie geht das?

2. Schlussfolgerung: Es geht um die Opfer der Geschichte: Wer sind die Vergessenen und die Verlorenen, die Opfer? Wir? Die Anderen? Walter Benjamin hat 1921 ein Bild von Paul Klee erworben[436]. Es hat den Titel „Angelus Novus". Dieser Engel hat den Philosophen 20 Jahre lang begleitet – auch ins Exil. Und er hat sein Denken geprägt. „Der Engel der Geschichte" ist von einem paulinischen Soundtrack umgeben. Diese Stimmen begleiten ihn. Mehrfach nimmt W. Benjamin in einem seiner berühmtesten Texte: „Über den Begriff der Geschichte" auf Paulus exemplarisch Bezug:

1. Bezug: Die „schwache messianische Kraft" in These II verweist auf 2 Kor 12, 9f.: „Es genügt dir meine Gnade, denn die Kraft wird in Schwachheit vollendet."[437] Alternativ: „Lass dir meine Zuneigung genug sein. Gerade in den Schwachen lebt

---

[433] Giorgio Agamben; Die Zeit, die bleibt. Ein Kommentar zum Römerbrief, S. 54.

[434] „Es ernst meinen", wie Luther, und nach Identität geradezu hungern – diese Qualen lösen sich auf.

[435] Gal 2,20.

[436] Howard Eiland & Michael W. Jennings; Walter Benjamin. Eine Biographie 2020, S. 188.

[437] Zitiert nach Münchener Neues Testament.

meine volle Kraft."[438] Das ist bildhaft. Metaphorisch. Eine Hoffnung. Ausdruck eines Wunsches. Eine intensiv herbei gewünschte Zukunft. Gleichbedeutend mit der Weigerung, auf keinen Fall die Vergangenheit preiszugeben.

2. Bezug: In These V: „Das wahre Bild der Vergangenheit huscht vorbei."[439] Hier bezieht sich W. Benjamin auf 1 Kor 7, 31: „denn die Gestalt dieser Welt vergeht"[440]. Alternativ: „Denn die Welt, so wie sie ist, geht vorüber."[441] Das ist zu befürchten. Das Leid der Vergangenheit könnte für immer und ewig aus dem Blick verschwinden; es sei denn die jeweilige Gegenwart würde sich „als in ihm gemeint"[442] erkennen. Damit wird (jede) Gegenwart enorm – bis zum Bersten – mit Spannung aufgeladen. Gegenwart disruptiert zur „Jetztzeit"[443]. Das ist original Paulus in Röm 11,5: „So geht es auch jetzt zu dieser Zeit"[444]. Die Zeit (im Sinne der Gegenwart) als messianische Zeit qualifizieren: „οὕτως οὖν καὶ ἐν τῷ νῦν καιρῷ" in der Übersetzung der BigS: „Genauso ist es auch jetzt! zu diesem Zeitpunkt". Alternativ: „Ebenso gibt es auch in der gegenwärtigen Zeit"[445].

3. Bezug: Wird auch ein Bezug deutlich von der „Jetztzeit" zu 1 Kor 7, 29: „Das sage ich, Geschwister: Die Zeit gerät aus den Fugen."[446] Alternativ: „Die Zeit ist zusammengedrängt."[447] Bzw.: „Die Zeit ist kurz."[448] Im Bild des Paulus wird die Zeit wie ein Segel gerefft. Unwiderruflich genau - jetzt! – ist

---

[438] Zitiert nach BigS.
[439] Walter Benjamin; GS I.2, S. 695.
[440] Zitiert nach Einheitsübersetzung.
[441] Zitiert nach BigS.
[442] Walter Benjamin; GS I.2, S. 695.
[443] These XIV in Walter Benjamin; GS I.2, S. 701.
[444] Zitiert nach Luther Bibel 1984.
[445] Zitiert nach Einheitsübersetzung.
[446] Zitiert nach BigS durch Luise Schottroff.
[447] Zitiert nach Münchener Neues Testament.
[448] Zitiert nach Einheitsübersetzung.

messianische Zeit. Es „ist die Zeit, die benötigt wird, um zu Ende zu gehen"[449]. Bezogen auf uns selbst – und das markiert W. Benjamins Dringlichkeit in Paris im Exil kurz vor seinem Tod – ist es genau und einzig „die Zeit, die wir selbst sind"[450].Der „Tigersprung" aus These XIV und „das Segel reffen" in 1 Kor 7, 29 sind zwei verschiedene Bilder ein und derselben Qualifizierung der Zeit als Jetztzeit. W. Benjamins Konzept von Messianismus hat seine Ausrichtung von Paulus gelernt.

4. Bezug: Die Metapher der „Jetztzeit, die als Modell der messianischen in einer ungeheueren Abbreviatur die Geschichte der ganzen Menschheit zusammenfaßt"[451], bezieht sich auf Eph 1, 10. Das ist zwar kein authentischer Paulus-Brief; er steht aber in der Tradition paulinischen Denkens. Der Text in Eph 1, 9 - 10 lautet:

„Denn Gott hat uns wissen lassen das Geheimnis seines Willens nach seinem Ratschluss, den er zuvor in Christus gefasst hatte, um ihn auszuführen, wenn die Zeit erfüllt wäre, dass alles zusammengefasst würde in Christus, was im Himmel und auf Erden ist."[452] Und alternativ: „entsprechend der Güte, zu der sich Gott in ihm (= Christus, Th.R.) entschlossen hatte, zu einem Plan in der Fülle der Zeiten. Um es zusammenzufassen: ‚Alles ist in dem Gesalbten, das, was im Himmel, und das, was auf der Erde ist, ist in ihm.'"[453] Was heißt das jetzt? Das heißt: Jetzt erst ist Paulus (wieder) lesbar. Denn heute – jetzt – ist salopp formuliert: Sabbat. Das ist nicht noch ein zusätzlicher Tag in der unendlichen Abfolge der Tage und der Zeit, sondern „vielmehr

---

[449] G. Agamben; Die Zeit, die bleibt. Ein Kommentar zum Römerbrief, S. 81.
[450] Ebd.
[451] These XVIII in Walter Benjamin; GS I.2, S. 703.
[452] Zitiert nach Luther Bibel 1984.
[453] Zitiert nach BigS.

der innere Bruch in der Zeit"[454] – die Disruption – als „die Zeit, die uns bleibt"[455].

Wir sehen deutlich:

Walter Benjamin hat den Apokalyptiker Paulus gründlich gelesen und zutiefst verstanden[456]. Der paulinische Messianismus[457] taucht in den Thesen „Über den Begriff der Geschichte" auf. Nahe liegt, dass beide ihre Text unter einem enormen seelischen Stress und in einer Situation größter Belastung geschrieben haben. W. Benjamin schreibt „Über den Begriff der Geschichte" im Pariser Exil zwischen Februar und März 1940. Das war kurz nach dem Hitler-Stalin-Pakt und dem Vormarsch der deutschen Truppen. Bedrängnis und Vereinsamung und Herzkrank, so dass er nicht fähig war, im Frühjahr 1940 seine Wohnung zu verlassen. Am 14. Juni 1940 ist Benjamin aus Paris in Richtung Pyrenäen geflüchtet: Eine bürgerliche Existenz im endgültigen Absturz-Modus, die in einen Suizid an der spanisch-französischen Grenze mündete. Die Thesen „Über den Begriff der Geschichte" gelten als sein Testament. Das „uneingelöste Versprechen"[458] – das wahre Bild der Vergangenheit – sah Benjamin in den Briefen des Paulus. Im Augenblick seiner Gefahr blitzte ihm die Lesbarkeit und Erkennbarkeit des paulinischen Denkens auf. In welcher Lage / Situation befand sich Paulus als Autor der Korintherbriefe oder des Römerbriefes? In

---

[454] G. Agamben, Die Zeit, die bleibt. Ein Kommentar zum Römerbrief, S, S. 85.
[455] G. Agamben; Die Zeit, die bleibt. Ein Kommentar zum Römerbrief, S. 81.
[456] „Walter Benjamin, der die Lektion des Paulus vollkommen verstanden hat, wiederholt sie auf seine Weise: „Jeder Tag, jeder Augenblick ist die enge Pforte, durch die der Messias eintritt." (G. Agamben; Kirche und Herrschaft. Quelle: http://www3.unifr.ch/orthodoxia/de/assets/public/Egregia_4_kurz.pdf)
[457] Auch Giorgio Agamben ordnet Paulus der jüdischen Tradition des Messianismus zu.
[458] Vgl. Burkhardt Lindner (Hrsg.); Benjamin Handbuch: Leben - Werk – Wirkung. 2011, S. 292.

welcher Beklemmung, Druck und Not muss Paulus sich befunden haben, um zu einem theologischen Denken von solcher Sprengkraft und Fernwirkung zu kommen? Woher rührt das latent Fanatische bei Paulus? Wenn auch ganz andere Zeiten – aber welche Umstände haben Paulus – wie knapp 2000 Jahre später bei W. Benjamin – gestresst, gebeutelt und bis zur völligen Verzweiflung geschüttelt? Beide konnten nicht mehr weitermachen wie bisher. W. Benjamins Bogen war überspannt. Er beging Suizid. Und Paulus wurde im Damaskus-Ereignis zum Völkerapostel.

Die apokalyptischen Bilder und Konstrukte aus den Paulusbriefen – das mythische Sprechen des Paulus - finden durch Walter Benjamin in den Thesen „Über den Begriff der Geschichte" eine kongeniale Übersetzung in ein zeitgenössisches Narrativ einer messianischen Bildwelt und Bildsprache. Schon lange war W. Benjamin klar, „die Geschichte zerfällt in Bilder, nicht in Geschichten."[459] Die mythologischen Gehalte der Paulusbriefe finden in den Thesen W. Benjamins ein „Asyl"[460] Ich zitiere:

„Es gibt ein Bild von Klee, das Angelus Novus heißt. Ein Engel ist darauf dargestellt, der aussieht, als wäre er im Begriff, sich von etwas zu entfernen, worauf er starrt. Seine Augen sind aufgerissen, sein Mund steht offen und seine Flügel sind ausgespannt. Der Engel der Geschichte muß so aussehen. Er hat das Antlitz der Vergangenheit zugewendet. Wo eine Kette von Begebenheiten vor uns erscheint, da sieht er eine einzige Katastrophe, die unablässig Trümmer auf Trümmer häuft und sie ihm vor die Füße schleudert. Er möchte wohl verweilen, die Toten wecken und das Zerschlagene zusammenfügen. Aber ein

---

[459] Walter Benjamin; GS V/1, S. 596.
[460] Walter Benjamin; GS III, S. 277.

Sturm weht vom Paradiese her, der sich in seinen Flügeln verfangen hat und so stark ist, daß der Engel sie nicht mehr schließen kann. Dieser Sturm treibt ihn unaufhaltsam in die Zukunft, der er den Rücken kehrt, während der Trümmerhaufen vor ihm zum Himmel wächst. Das, was wir den Fortschritt nennen, ist dieser Sturm."[461]

So stellt sich uns die Frage nach einer Zukunft, in der jede Sekunde eine „kleine(n) Pforte, durch die der Messias treten "[462] kann, möglich ist. Es kann kein Schluss geben. Wir erleben und wissen und bezeugen die Katastrophe. Sie gilt es zu unterbrechen. Es geht um die Unterbrechung der Siegergeschichte und des durch sie betriebenen Konformismus. Es geht um die Geschichte, die Opfer schafft und Opfer vergisst. Und es geht um uns - die Zeitgenossen und die Zeugen dieser Katastrophe: „Daß es ‚so weiter‘ geht, ist die Katastrophe. Sie ist nicht das jeweils Bevorstehende, sondern das jeweils Gegebene."[463] Wir sind mitten drin. Heute: Klima-Wandel, Corona-Pandemie, Ukrainekrieg.

6.4. Was ist aus der Rezeptionsgeschichte der Paulusbriefe zu lernen?

6.4.1. Die befremdliche Bilderwelt des Paulus

Paulus und die Paulusbriefe sind für uns heute eine fremde Welt. Wir haben es mit Apokalyptik zu tun. Sie spricht eine mythologische Sprache. Aufgrund unserer Hör- und Lesegewohnheiten sollten wir zuerst dafür sorgen, dass diese Texte und ihre Inhalte uns völlig befremdlich vorkommen können. Sie müssen

---

[461] Walter Benjamin; GS I.2, S. 697-698.
[462] Ebd., S. 704.
[463] Ebd., S. 683.

ihren Bekanntheitsstatus verlieren[464]. Wir begegnen einer ganz und gar fremden Sicht-Weise auf die Welt.

Exkurs: Welche Bilder finden sich in den Paulusbriefen?

Aus welchen einzelnen Bildern besteht der paulinische Flickenteppich seiner apokalyptischen Vorstellungen - seiner Heterotopie[465]? Die paulinische Bildwelt will ja nichts auf eine illustrativ-anschauliche Art und Weise vermitteln. Sie will vielmehr eine „aktive Verarbeitung von Erfahrungen"[466] sein. In schwierigen Zeiten brauchen wir die unsere Zuversicht und Hoffnung aufrechterhaltenden Bilder einer anderen Welt. Deshalb versucht Paulus, die (geglaubten) apokalyptischen Zusammenhänge sprachlich zu visualisieren. Das ist tröstlich. Seine Metaphern sind „Nuklearanthropologien"[467]. Seine erfolgreichen Metaphern sind uns heute aber fremd. Die Bilder befremden. Sie haben etwas Absurdes. „Die Metapher ist nichts anderes als das Aufkleben eines bekannten Etiketts mit einer bestimmten Vergangenheit auf einen neuen Gegenstand, der sich dieser Übertragung erst widersetzt, dann nachgibt."[468] Mit dieser kalkulierten Absurdität[469] der Metaphern in den Paulusbriefen sollten wir rechnen. Auch wenn die Bilder aus dem

---

[464] Sind sie wirklich noch durch Gottesdienste oder Bibellesen bekannt?

[465] Michel Foucault; Die Heterotopien. Der utopische Körper: Zwei Radiovorträge. 2013.

[466] Drewer, Petra, Die kognitive Metapher als Werkzeug des Denkens. Zur Rolle der Analogie bei der Gewinnung und Vermittlung wissenschaftlicher Erkenntnisse (Forum für Fach-sprachen-Forschung 62), Tübingen 2003, S. 1. Und auch: Lakoff, George & Johnson, Mark (2011; Leben in Metaphern. Konstruktion und Gebrauch von Sprachbildern, 7. Aufl. Heidelberg (Carl–Auer)

[467] Gillich, Benedikt; Die Verkörperung der Theologie. Gottesrede als Metaphorologie, S ??

[468] Paul Ricoeur, Stellung und Funktion der Metapher in der biblischen Sprache. In: Paul Ricoeur & Eberhard Jüngel; Metapher: zur Hermeneutik religiöser Sprache. München: C. Kaiser, 1974, S. 52-53.

[469] Vgl. Christian Strub, Kalkulierte Absurdität. Versuch einer historisch reflektierten sprachanalytischen Metaphorologie, Freiburg/München 1991.

Bildervorrat der Paulusbriefe „abgenutzt und sinnlich kraft-
los"[470] sein sollten, so sind sie weiterhin zu begreifen als Metaphern, die zum Perspektivenwechsel auffordern. Mit den Bildern der Paulusbriefe eröffnet sich ein Möglichkeitsraum.
Worüber will Paulus (uns) orientieren? In welchen Kontexten
erschließt sich Paulus für uns?

Und genau darauf kommt es jetzt an. In seinen Briefen ist der
paulinische Flickenteppich am historischen Datum der Kreuzigung Jesu aufgehängt: „Denn ich hielt es für richtig, unter euch
nichts zu wissen als allein Jesus Christus, den Gekreuzigten."[471]
Im Einzelnen sind es folgende Bilder[472]:

- 1 Kor 15,20: „Jetzt aber ist der Messias von den Toten aufgeweckt worden – als Beginn des Lebens für die Verstorbenen."

- 1 Thess 1, 9f.: „Überall erzählen die Leute von uns: wie wir zu
euch Zugang gefunden haben und wie ihr euch zu Gott bekehrt
habt, weg von den Götterbildern, um der lebendigen und wahren °Gottheit zu dienen, und um Gottes °Sohn vom Himmel her
zu erwarten, den Gott von den Toten °aufgeweckt hat, Jesus,
der uns rettet vor dem kommenden Zorngericht."

- Röm 3, 23 - 26: „Alle haben ja °Unrecht begangen, allen fehlt
die °Anerkennung durch Gott. Gerechtigkeit wird ihnen als Ge-
schenk zugesprochen. Denn Gott hat sich ihnen °zugewendet
und sie befreit durch die Gegenwart des Messias Jesus. Ihn hat
Gott in seinem Sterben als °öffentliches Lebens- und Versöh-
nungszeichen hingestellt, das durch °Vertrauen wirksam wird.
So ist Gottes Gerechtigkeit sichtbar geworden, die zuvor began-
genen °Verfehlungen einen Aufschub gewährt hat. Gott hat das
Gericht aufgehalten und so göttliche Gerechtigkeit jetzt!

---

[470] F. Nietzsche; Werke III Über Wahrheit und Lüge im außermoralischen
Sinn, S. 1022 bzw. KSA 3, S. 314.
[471] 1 Kor 2, 2 (BigS)
[472] Sämtliche folgende Zitate aus der BigS.

sichtbar gemacht. So erweist sich Gott als gerecht und macht die gerecht, die durch °Vertrauen auf Jesus leben."

- 1 Thess 5, 23: „Gott selbst ist der °Frieden und möge euch durch und durch heiligen, und ihr sollt an °Geist, °Seele und °Körper unverletzt bewahrt bleiben, so dass nichts an euch auszusetzen ist bei der Ankunft Jesu Christi, °dem wir gehören."

- 1 Thess 4, 15 – 18: „Dieses sagen wir euch nun als °Botschaft des °Befreiers: Wir, die Lebenden, die übrig Gebliebenen bei der Ankunft des °Herrschers, werden den Entschlafenen nicht zuvorkommen. Denn der Herrscher selbst wird vom Himmel herabsteigen mit einem Kommandoruf, mit der Stimme des Erzengels und der Posaune Gottes. Und die Toten, die zu °Christus gehören, werden zuerst °aufstehen. Danach werden wir, die Lebenden, die übrig Gebliebenen, zugleich mit ihnen in die Wolken entrückt werden zur Einholung des °Herrschers in der Luft. Und so werden wir für immer mit ihm sein °dem wir gehören. Tröstet einander mit diesen °Worten."

- 1Kor 15, 24 – 28: „Die Vollendung geschieht, wenn der Messias seine °Macht Gott, seinem °Ursprung übergibt. Gott beendet damit alle Herrschaft, alle Gewalt und alle Macht. Der Messias soll nämlich Macht ausüben, bis Gott ihm alle diese feindlichen Gewalten unter seine Füße wirft. Der letzte Feind, der seine Gewalt verliert, ist der Tod. Alles hat Gott ja unter die Füße des Messias getan. Wenn es aber heißt, alles wird entmachtet, so ist klar, dass gemeint ist: außer Gott, denn Gott hat Christus alles übergeben. Wenn dem Messias alles unterworfen sein wird, dann wird auch der °Sohn selbst alle Macht Gott übergeben, da Gott dem Messias alle Mächte unterwarf. So wird °Gott alles in allem sein."

- Gal 3, 1: „Oh ihr galatischen Dummköpfe! Wer hat euch mit dem bösen Blick geschlagen? Vor euren eigenen Augen wurde euch doch der °Messias Jesus öffentlich zur Schau gestellt als ein Gekreuzigter."

- Gal 3, 13 - 14: „Der Messias hat uns freigekauft aus dem Fluch der Gesetzesanordnung, indem er für uns zum Fluch wurde – denn es steht geschrieben: Verflucht ist, wer am Holzpfahl hängt. Dies geschah, damit der Segen Abrahams unter die °Völker käme im Messias Jesus, so dass wir die verheißene °Geistkraft empfangen können aufgrund von Vertrauen."

- 1 Kor 15, 51 - 57: Seht, ich sage euch eine besondere Botschaft Gottes: Wir alle werden nicht sterben, aber alle werden verwandelt werden, plötzlich, in einem Augenblick, bei der letzten Posaune. Sie wird nämlich ertönen, und die Toten werden °aufstehen als Lebendige, und wir werden verwandelt werden. Die in der Welt misshandelten Menschen sollen die Lebendigkeit anziehen wie ein Kleid, und die unter der Gewalt leidenden Menschen sollen das Ende der Macht des Todes erfahren. Wenn das Vergängliche Unvergänglichkeit anzieht und das Sterbliche die Unsterblichkeit, dann geschieht das °Wort, das in der Schrift steht: Der Tod ist vom Sieg verschlungen. Wo ist dein Sieg, Tod? Wo ist deine Peitsche, Tod? Die Peitsche des Todes ist die °Sünde, und die Sünde bedient sich zu ihrer Herrschaft der °Tora Gottes. Wir danken Gott, der uns den Sieg schenkt durch unseren °Befreier, Jesus, den °Messias."

- 2 Kor 5, 13 -21: „Denn wenn wir verrückt gewesen sind, dann für Gott. Sind wir vernünftig, dann für euch. Denn die Liebe des °Messias hält uns zusammen, da wir erkannt haben: Einer ist für alle gestorben, also sind sie alle gestorben. Er ist für alle gestorben, damit die Lebenden nicht mehr für sich selbst leben, sondern für den, der für sie gestorben und °aufgeweckt worden ist. Daher beurteilen wir von jetzt an niemanden mehr nach °menschlichen Maßstäben. Und auch wenn wir den Messias nach menschlichen Maßstäben beurteilt haben, tun wir es jetzt doch nicht mehr. Daher: Alle, die mit °Christus verbunden sind, sind neu erschaffen. Das Erste ging vorüber, seht: Neues kam zur Welt.Doch alles geht von Gott aus: Gott versöhnt uns durch den °Messias mit sich selbst und gibt uns die °Aufgabe, die Versöhnung zu vermitteln: Ja, °Gott war es, der im Messias die Welt mit sich versöhnt hat. Gott rechnete ihnen ihre Vergehen nicht an und hat unter uns das °Wort von der Versöhnung in Kraft gesetzt. Im Auftrag des Messias sind wir nun Gesandte in der Überzeugung, dass Gott euch durch uns ersucht. So bitten wir an Stelle des Messias: Lasst euch versöhnen mit Gott! °Gott hat ihn, der keinerlei °Sünde getan hatte, an unserer Stelle zu einem °sündigen Menschen gemacht, damit wir Gottes °Gerechtigkeit verkörpern, in eins mit Jesus."

Soweit ein paar Kostproben mythologischen Sprechens und Denkens aus der Bilderwelt des Paulus. Allerdings war er nicht der „Mythenschmied"[473] – Paulus hat sein apokalyptisches Handwerk gelernt und übernommen: „Denn als Erstes habe ich euch weitergegeben, was auch ich empfangen habe: Der Messias ist für unsere Sünden gestorben, wie es die Schrift schon sagt."[474]

Was nun? Die Textstellen sind Beispiele, wie Metaphern funktionieren; wie "ja wahrlich, die Worte träumen"[475]. Das mythische Sprechen in den Paulusbriefen sagt zwar nicht (wie die Aussage), was etwas ist, sondern ganz deutlich durch die apokalytischen Bild-Welten, wie etwas ist. So können sie erschlossen werden.

---

[473] Hyam Maccoby: Der Mythenschmied: Paulus und die Erfindung des Christentums (2007).
[474] 1 Kor 15, 3.
[475] Gaston Bachelard in: Paul Ricoeur; Die Lebendige Metapher. 2004, S. 208.

Hermeneutisch gesehen – so die Sicht Walter Benjamins – warten die Paulusbriefe und ihre Inhalte auf „Konstellationen"[476], um jetzt lesbar zu sein. Nur durch die Weise einer Konstellation lassen sie sich für uns erschließen: Nicht wie es denn eigentlich – historisch-kritisch - gewesen ist – im Gegenteil: „Es heißt, sich einer Erinnerung bemächtigen, wie sie im Augenblick einer Gefahr aufblitzt"[477]. Die mythologischen „Ungeheuerlichkeiten"[478] des Paulus sind die Bilder unserer Sehnsucht und unserer Hoffnung nach Gerechtigkeit – auch über den Tod (der Opfer der Geschichte) hinaus. Die Mythologie der Paulusbriefe ist ein spiritueller Stolperstein. Wir haben uns heute nach der Shoah zu fragen: „Was dürfen wir hoffen, wenn wir hoffen dürften?"[479] In der Konstellation mit den mythologischen Bildern der Paulusbriefe ergeben sich Hoffnungssätze. Auf die kommt es an. Paulus bringt seine Überzeugungen wie ein Maler ins Bild. Die mythische Sprache des Paulus, die aus der Eschatologie der jüdischen Apokalyptik schöpft und sie zum Ausdruck bringt, ist „eine Praxis des U-topischen"[480]. Das verdanken wir Paulus, dem Juden. Oder wie Friedrich-Wilhelm Marquardt häufig betont: dem „ 'guten Juden' Paulus"[481], dessen entschiedenes Handeln „die Rettung der (Heiden-)Völker"[482] intendierte. Paulus geht es nicht um jüdische Selbstkritik; er erzählt vielmehr einen (neuen) Abstammungsmythos, in dem auch die von Rom

---

[476] Walter Benjamin; GS V/1, S. 578.

[477] Walter Benjamin; GS I.2, S. 695.

[478] Martin Hengel; Paulus und Jakobus. Kleine Schriften III, S. 364.

[479] So lautet der Titel einer dreibändigen Eschatologie von Friedrich-Wilhelm Marquardt.

[480] Friedrich-Wilhelm Marquardt; Eia, wärn wir da – eine theologische Utopie, S. 26.

[481] Friedrich-Wilhelm Marquardt; Das christliche Bekenntnis zu Jesus, dem Juden. Eine Christologie. Band. 1, S. 196. 201. 206 und öfters.

[482] Wolfgang Stegemann in: Ch. Strecker & J. Valentin; Paulus unter den Philosophen, S. 152.

unterdrückten Völker „einen Anteil an der Erbschaft der Abrahams-Nachkommen" und somit „Teil des Familienstammbaums Israels, des Ölbaums (Röm 11, 17ff.)"[483] sind. Mit „Einheit in Vielfalt" übersetzt A. Badiou das Anliegen des Paulus. Paulus ist kein Judenfeind und auch nicht der Initiator des unfassbar verheerenden Antijudaismus in der Geschichte bis auf den heutigen Tag. Die „neue Schöpfung"[484] des Paulus schloss niemanden aus. Ich fasse zusammen: „Das Weltbild des Neuen Testaments ist ein mythisches. ... Deshalb ist auch die Mythologie des Neuen Testaments nicht auf ihren objektivierenden Vorstellungsgehalt hin zu befragen, sondern auf das in diesen Vorstellungen sich aussprechende Existenzverständnis hin."[485] Das gilt auch für Paulus. Er hat „bewußt"[486] mythologisches Sprechen gewählt, um anthropologische Sachverhalte zum Ausdruck bringen zu können. Das ist uns heute fremd und keinesfalls unmittelbar zugänglich. Nichts versteht sich da für uns auf Anhieb. Was kann ein „messianisches Leben" heute sein? Das disruptive Selbstverständnis und Engagement des Paulus als Völkerapostel zeigt deutlich den Unterschied auf zwischen dem, was wir heute unter Religion verstehen und seinem apokalyptischen Denken. Sein disruptives Potential spiegelt sich in seiner Rezeptions- und Wirkungsgeschichte bis in die aktuellen Debatten der Philosophen wie Alain Badiou, Slavoj Žižek, Giorgio Agamben und Jean-Luc Nancy hinein.

6.4.2. Die überaus selbstbewußten Männer
Davon ist auszugehen. Paulus gehört in die Riege überaus selbstbewußter Männer. Paulus imponiert mit einer

---

[483] Ebd., S. 153 – 154.
[484] 2 Kor, 5, 17.
[485] Rudolf Bultmann; Neues Testament und Mythologie, S. 15 und 23.
[486] Udo Schnelle; Paulus. Leben und Denken, S. 355.

erstaunlichen „Selbstbehauptung des Ichs"[487] – er begreift sich als Apostel. Das war seine persönliche Disruption. Nietzsche beschreibt Paulus deshalb mit seinen eigenen Worten: „Umwerther aller Werthe"[488]. Nietzsche begegnet Paulus, seinem Antipoden, auf Augenhöhe. Was „exzessiv-exzentrisch"[489] in seinem Denken / seinen Briefen war, hat nachhaltig gewirkt und inspiriert. Es war sein Hunger nach Identität und der unbändige Wille, es wirklich „ernst zu meinen", der im Damaskus-Ereignis auf fruchtbaren Boden fiel. Paulus war (schon vorher) ein Radikaler und blieb es fortan ganz entschieden und von überbordender Gewissheit, ein messianischer Apostel für die Völker zu sein. Paulus steht nicht für eine religiöse Neuorientierung im Sinne einer Offenbarung, Konversion, Bekehrung, Wandlung oder Wende; Paulus – „das Genie der Projektion"[490] – hat sein eigenes Gesicht in das Antlitz des gekreuzigten Messias eingezeichnet. Wie später Albrecht Dürer. Das war Empowerment; Selbstbemächtigung; Selbstbefähigung; Stärkung von Eigenmacht und Autonomie. Empowerment ist Aneignung von Selbstbestimmung über die Umstände des eigenen Lebens. Das war seine Erfahrung. Augustinus wurde durch die Lektüre der Paulusbriefe aufgefordert und befähigt, „das unwandelbare Licht"[491] zu schauen. Der Römerbrief des Paulus wurde ihm zu einer richtungsweisenden Disruption – ein christliches Subjekt zu sein, d.h. etwas, das nicht begrifflich

---

[487] Lukas Bormann; in: Becker & Pilhofer; Biographie und Persönlichkeit des Paulus, S. 124.

[488] Zitiert nach Daniel Havemann; Der Anti-Philosoph. Nietzsches Deutung. In: Ch. Strecker & J. Valentin (Hrsg.); Paulus unter den Philosophen, S. 60.

[489] Friedrich-Wilhelm Marquardt; Das christliche Bekenntnis zu Jesus, dem Juden. Eine Christologie. Band. 1, S. 238.

[490] Siehe Peter Sloterdijk. Quelle: https://www.nzz.ch/feuilleton/luther-und-die-folgen-glaube-die-hoelle-des-zweifels-ld.119711

[491] Augustinus; Confessiones VII.10.16

verstanden noch beurteilt werden kann. Das ist wie ein Weg, der erst beim Gehen und nur dadurch entsteht. Dieser Raum der Selbstverständigung) war Augustinus vor seiner Lektüre des Römerbriefes nicht möglich gewesen. Den gab es vorher nicht für ihn[492]. Jetzt hatte er keinen Kompass mehr, sondern ein Navigationsgerät. Das machte Augustinus durch seine Confessiones / Bekenntnisse zum Erfinder der Autobiografie – ein Ego-Dokument von verstörender Qualität.

Knapp tausend Jahre später war der junge Martin Luther auf der Suche nach einem gnädigen Gott. Luther meinte es ernst. Als Exeget des Paulus fand er seine Antwort[493]. Durch Paulus ging ihm eine Tür auf[494]. „Bruder Martin, lass es gut sein mit deinen Selbstkasteiungen! Die Befreiung aus dieser Selbstverfluchung gelang Luther erst, als er bei Paulus die ultimative theologische Machete fand: das reformatorische Prinzip ‚sola gratia‘. Der Mensch muss glauben, dass Gott sich ihm ‚allein aus Gnade‘ zuwende und ihn nicht an seinen Sünden und Verdiensten messe. Das bedeutet aber auch, dass mit einem Schlag jede nur annähernd rational nachvollziehbare Vorstellung von Gerechtigkeit verabschiedet wird."[495] Luther übersetzt 1545 Röm 1, 17 mit folgenden Worten: „gerechtickeyt die fur got

---

[492] Wie das Smartphone nicht vor der Digitalkamera war. Ein Beispiel für eine technische Disruption.

[493] In einer Randglosse zu Röm 3, 23ff. vermerkt Luther 1522: „Merck diß, da er sagt, Sie sind alle sunder etc. ist das hewbtstuck vnd der mittel platz dißer Epistel und der gantzen schrifft. Nemlich, das alles sund ist, was nicht durch das blut Christi erloset, ym glauben gerechtfertigt wird" (Martin Luther: Werke. Kritische Gesamtausgabe (WA). Deutsche Bibel (DB). Bd. 7. Weimar 1000ff. S. 38f.

[494] „Da mir in Paulo die thur auffgieng" (Martin Luther: WA. TR. Bd. 1. Nr. 347. Zit. n. Volker Stolle: Luther und Paulus. S. 5.)

[495] So Thea Dorn in einem Interview in der Frankfurter Rundschau vom 25.05.2017. Quelle: https://www.fr.de/kultur/luther-fand-nicht-seelenruhe-11051341.html

giltt"[496]. Das neue Verständnis von Röm1, 16-17 war zunächst das Ergebnis einer angestrengten exegetischen Bemühung. Die reformatorische Erkenntnis erwuchs Luther nicht aus Visionen oder irrationalen Erfahrungen, sondern aus wissenschaftlicher Arbeit. Luthers persönliche Entdeckung hat aber dann geistes- und glaubensgeschichtlich so massiv eingeschlagen, dass wir noch heute Paulus durch die Brille Luthers lesen. Wie ist sowas möglich? Das ist eine sich in die Zeit hinein ersteckende Disruption von Religion. Nietzsche nennt das die „Umwertung der christlichen Werte"[497] – dem Zentrum seiner Spätphilosophie. Ähnlich selbstbewußt stellt sich auch Karl Barth „neben"[498] Paulus. Und schreibt seinen Römerbriefkommentar in der zweiten Fassung mit einem „gewissen Ingrimm und nicht ohne eigenes Entsetzen"[499]. Barth entfacht ein „rhetorisch-existenzia-listisches Feuerwerk"[500]. Er will dabei und dadurch eigentlich alles auf einmal sagen. Gespickt mit einer „gelegentlich auf-scheinende(n) Grundgewissheit als Selbstermächtigungstheo-rem dieser Rhetorik"[501] fabriziert Karl Barth „Krisentheologie" angesichts einer Krise nicht primär die des Schreibenden son-dern der Zeit, der Kultur also des Menschen. Das dürfte ein ers-ter Hinweis darauf sein, was Paulus mit Augustinus, Luther, Nietzsche, Karl Barth und jetzt auch mit Walter Benjamin

---

[496] WA Deutsche Bibel 7,30.

[497] F. Nietzsche; Werke III Der Antichrist 61, S. 679.

[498] So Karl Barth; Der Römerbrief, erste Bearbeitung 1919 zweite Bearbeitung 1922, S. V.

[499] So Eduard Thurneysen in: Barth/Thurneysen; Briefwechsel I, S. 437.

[500] Pfleiderer, Georg; Hermeneutik und Konstruktion - oder: Warum man Barth antiliberal und liberal lesen kann, in: Gockel, Matthias; Pangritz, An-dreas; Sallandt, Ulrike (eds.): Umstrittenes Erbe. Lesarten der Theologie Karl Barths, Stuttgart 2020, S. 175–190.

[501] Philipp Stoellger; Barth gegen seine Liebhaber verteidigt. In: ZKph 8|2014|2 = Quelle: https://www.uni-heidelberg.de/md/theo/einrichtun-gen/ts/faecher/st/196_barth_gegen_seine_liebehaber_verteidigt.pdf

verbindet. Krisen, Krisenbewältigung, Krisentheologie und die Frage nach der Gerechtigkeit für die Opfer der Geschichte. Auch Benjamin ist ein Exeget des Römerbriefs. Sein „Paulus", seine „Exegesen" münden ins Eingedenken. „Das Eingedenken als der Strohhalm"[502] – ist die Übersetzung des jüdischen Messianismus. Benjamin entzaubert die Zukunft.

Messianisch ist nicht ein künftiger Zustand, der sich erst nach dem Eintreten des Messias einstellen würde. Vielmehr ist „jede Sekunde die kleine Pforte, durch die der Messias treten kann"[503]. So übersetzt Benjamin das paulinische Bild der Zeit, die – jetzt gerade - wie ein Segel gerefft wird. Benjamin nennt das „die Jetztzeit"[504]. Die Briefe des Paulus scheinen in den Thesen „Über den Begriff Der Geschichte" wie die Tinte von einem Löschblatt aufgesogen worden zu sein[505].

6.4.3. Paulus ist ein Netzwerker

Das haben sie alle übersehen. Es war ihnen nicht wichtig. Der Netzwerktheoretiker Albert-László Barabási vermutet hinter den Phänomenen verschiedener Netzwerke ein universales Ordnungsprinzip: "Die Netze von Webservern, Firmen und Ökosystemen beruhen auf einer gemeinsamen Schablone."[506] Die Hauskirchen und Gemeinde waren start-ups. Wir haben es mit einer Gründerszene zu tun. Paulus war mit seinen

---

[502] Walter Benjamin; GS I/3, S. 1244.
[503] Walter Benjamin; GS I/3, S. 1252 und GS I/2, S. 704.
[504] Walter Benjamin; GS I/2, S. 703.
[505] „Mein Denken verhält sich zur Theologie wie das Löschblatt zur Tinte. Es ist ganz von ihr vollgesogen." (Walter Benjamin; GS I/3, S. 1235)
[506] Max Rauner; Ziemlich verknotet. Darmbakterien, Sex und Stromnetze folgen ähnlichen Gesetzmäßigkeiten, behaupten Physiker. Mit Hilfe der Netzwerktheorie wollen sie Epidemien bekämpfen und Unternehmen beraten. In: DIE ZEIT 26.02.2004 Nr.10. Auch ZEIT ONLINE: https://www.zeit.de › ... › Jahrgang 2004 › Ausgabe: 10. Und Albert-László Barabási; Linked: How Everything Is Connected to Everything Else and What It Means for Business, Science, and Everyday Life. 2014.

Besuchen und seinen Briefen ein Mit-Begründer und Hub, ein wichtiger Netzwerkknotenpunkt. Seine erhalten gebliebenen Briefe geben einen Einblick in die Kommunikation dieses Netzwerkes. Die „Lutherbrille", die wir vor Augen haben, dogmatisiert ihn und lässt uns wie mit einem Tunnelblick nur noch die Themen der reformatorischen Theologie samt ihrem implizit gerechtfertigten Patriarchat erkennen. Sie objektiviert / verdinglicht sein mythisches Sprechen und seine mythischen Bildern und verkennt, dass seine Briefe, „Ausdruck eines Fühlens"[507] sind. Darin liegt ihre Bedeutung. Seine mythische Bilder-Welt, die Paulus in den Briefen ausbreitet, steht für „seine am tiefsten verwurzelten Instinkte, seine Hoffnungen und seine Furcht"[508]. In einer persönlichen und brieflichen Netzwerk-Kommunikation ist Austausch und Abstimmung möglich. Informationen konnten fließen. Der Brief und der Bote waren das sicherste Kommunikationsmedium der Antike. Brieflich oder durch Besuch konnten Beziehungen gepflegt werden. Sorgen, Ängste, Befürchtungen, Konflikte, Meinungsaustausch, Trost – das ganz Normal-Menschliche an Kommunikation und Austausch fand dadurch direkt statt. Da mussten keine dicken Bücher gelesen werden. Die Paulusbriefe wirkten Netzwerk-bildend und stabilisierend. Die Rezeptionsgeschichte der Paulusbriefe durch überaus selbstbewußte Männer hat diesen sozialen Aspekt ausgeblendet. Insofern ist die überragende Rezeption, die die Paulusbriefe erfahren haben, auch einseitig und engführend. Die „Lutherbrille" sollte uns eine Warnung sein. Feministische Exegese und feministische Theologie haben neue Wege freigelegt[509] und in caring communities gelebt. Es gibt sie, die

---

[507] Ernst Cassirer; Vom Mythus des Staates. Philosophische Grundlagen politischen Verhaltens. 2002, S. 59.

[508] Ebd. S. 65.

[509] Schottroff, Janssen, Sutter Rehmann, Hartenstein, u.v.a.m.

sich umeinander sorgenden Gemeinschaften. Sie sind ein Gegentrend zur anonymen Gesellschaft. Man hilft einander, sorgt füreinander. Soziale Angebote, die das Leben leichter machen. Die Paulusbriefe weisen – trotz aller Apokalyptik – schon auch in Richtung einer Sorgekultur: „Sorgen (Caring) ist die Aktivität, die alles umfasst, was wir tun, um unsere ‚Welt' zu erhalten, fortbestehen zu lassen und zu reparieren, so dass wir in ihr so gut wie möglich leben können."[510]

6.4.4. Ins Offene / der kommende Gott

Worum geht es bei Paulus? Paulus ist neu zu interpretieren. Ich fasse die Neuartigkeit des Paulus in seinen Briefen und im Blick auf seine Rezeptionsgeschichte in drei Punkten zusammen:

1. Der anti-imperiale Paulus und sein Netzwerk hoffen auf einen kommenden Gott

Wir haben es bei Paulus mit einer apokalyptischen Vorstellungs-Welt von Gott zu tun – nicht mit Gott selbst. Apokalyptisch heißt: Gott steht noch aus. Wir können nichts wissen. Er ist nicht begreifbar. Wir können Gott nicht wissen. Weder Sinn noch Motive sind vorstellbar. Bei allen befremdlichen Bildern der mythologischen Sprechweise der Paulusbriefe ist eins völlig klar: da ist nichts zu machen. „Gott ist ganz anders als alles von uns Wissbare."[511] Die konsequente Übersetzung der mythologischen Bilder lässt aber Raum für ein Kommen Gottes. Gott steht noch aus. Wir dürfen mit ihm rechnen. Wir dürfen auf ihn hoffen – mit einer Einschränkung: „wenn wir hoffen

---

[510] Tronto, Joan C. (New York 2013): Caring Democracy. NY University Press 2013, S. 19.
[511] Ingolf U. Dalferth; Die Wirklichkeit des Möglichen, S. 528.

dürften?"[512] Das gilt für alle, die sich Christen nennen. Nach der Shoah. Da kann es keinesfalls bei einem „anonymen Gott"[513] bleiben. Eigentlich / vernünftigerweise ist ja nach Auschwitz mit (einem) Gott nicht mehr zu rechnen. „Können wir damit leben? Ich denke ja. Denn durch die Torheit und die Schwachheit, die wir zugeben und eingestehen, machen wir deutlich, daß wir Gott - von uns aus - kein Motiv und keinen Sinn unterschieben. Er läßt alles offen. Das ist Gott. Gott ist da, wo alles offen ist."[514] Das heißt im Klartext - wir haben immer noch zu beten: „Dein Reich komme" / "Deine gerechte Welt komme."[515] Die Übersetzung macht den Unterschied. Kein „Reich" mehr – auch kein Himmlisches. Paulus war ein Anti-Imperialist mit „einer anti-imperialen Gegenstrategie"[516]. Links-radikal würde man heute sagen. Deshalb ist er ein Völkerapostel. Sein mythologisches Sprechen und sein Handeln sind Ausdruck einer „Gesamtalternative"[517] zur Destruktion der römischen Gewaltmaschine. Er lebte als ein Ausrufezeichen. Das war sein Einspruch mit zwei entscheidenden strategischen Ansatzpunkten im Netzwerk der frühen Gemeinden. Die Ansatzpunkte sind „Gegenseitigkeit

---

[512] Friedrich-Wilhelm Marquardts dreibändige Eschatologie hat den Titel: Was dürfen wir hoffen, wenn wir hoffen dürften? Eine Eschatologie. Band 1 (1993), Band 2 (1994), Band 3 (1996).

[513] Der Begriff stammt von G.K. Mainberger. Quelle: G.K. Mainberger, Den anonymen Gott verehren – Für eine weltliche Spiritualität [Interview mit Ch. Modehn], in: Publik Forum 5/2007 (9.3.2007). Quelle: https://www.wort-und-antwort.de/inhalte.php?jahrgang=2016&ausgabe=1&artikel=4.

[514] G.K. Mainberger; Das Unterscheidend-Christliche. Luzernerpredigten, S. 94.

[515] Mt 6, 10 (Einheitsüb. / BigS).

[516] B. Kahl & J. Rehmann; Warum Paulus für die Linke(n) von Bedeutung ist. In: Luxemburg 2/2014, S. 42.

[517] René Krüger; Ein theologischer Ansatz zum Imperiumsbegriff, S. 125. In: Jörgen Klußmann (Hrsg.); Aktivitäten und Antworten der Evangelischen Kirche im Rheinland zur GlobalisierungZur Vorbereitung der Landessynode der Evangelischen Kirche im Rheinland 2008, S. 109 -132.

und Geschwisterlichkeit."[518] Und das gilt heute noch. Erst recht heute. Die Knotenpunkte des Netzwerkes waren „kleine, dezentrale Lebensgemeinschaften in der Regel im Haus eines ihrer Mitglieder"[519]. Das Netzwerk der frühen Gemeinden ist die lebenspraktische Übersetzung des Einspruches gegen den Tod: „Dem Tod nicht glauben"[520]. Kontra-faktisch leben. Alles - in einer ganz und gar unbestimmten Offenheit - für möglich halten. Stets sich weigern: „Das ist es nicht!"[521] wovon ich träume und was ich für möglich halte: Gerechtigkeit und Trost durch Güte. Menschlich ist das nicht vorstellbar. Es ist dein gesammeltes Nicht(s)-Wissen. Du kannst es (nur) wünschen und hoffen, dass es der Fall sein möge.

2. Die „Aufhebung"[522] aller Religion im paulinischen Netzwerk

Das ist seine Erfahrung und seine Selbstermächtigung: Παῦλος κλητὸς ἀπόστολος Χριστοῦ Ἰησοῦ in Röm 1,1. Ausdruck seines Empowerments. Paulus sieht nichts anderes, wie vorher auch, aber er sieht es anders. Das macht den Unterschied. Paulus begreift sich als Völker-Apostel. „Diese Worte sagen im Grunde nichts aus, sondern bitten darum, daß etwas ausgesagt, daß etwas sagbar werde."[523] Was sagbar werden sollte, ist das völlig Neue. In der Zeitenwende den verbleibenden Rest

---

[518] Luise Schottroff; Lydias ungeduldige Schwestern. Feministische Sozialgeschichte des frühen Christentums, S. 308ff.
[519] Ebd., S. 316.
[520] Titel der Festschrift für Luise Schottroff zum 70. Geburtstag.
[521] Michel de Certeau; Mystische Fabel, S. 487.
[522] „Unter aufheben verstehen wir einmal soviel als hinwegräumen, negieren, und sagen demgemäß z. B. ein Gesetz, eine Einrichtung usw. seien aufgehoben. Weiter heißt dann aber auch aufheben soviel als aufbewahren, und wir sprechen in diesem Sinn davon, dass etwas wohl aufgehoben sei." (Hegel; Enzyklopädie der philosophischen Wissenschaften im Grundrisse 1830, Werke 8, § 96, S. 204f.)
[523] Christian Lehnert; Korinthische Brocken. Ein Essay über Paulus, S. 21.

einsammeln, damit er gerettet werde. Eine neue Schöpfung: Danach vergeht die jetzige, alte Welt. Übersetzt man diese apokalyptische Mythologie des paulinischen Netzwerkes in eine heutige (Bilder-)Sprache sind wir beim systemischen Denken. Wie ist Paulus an diesen Punkt gelangt?

Meine Antwort ist ernüchternd: Wegen seines Erfolges als junger pharisäischer Jude im Kampf gegen die neuen Messiasgläubigen seiner Umgebung in Jerusalem, der seine wildesten Träume übertroffen hat. Viel zu lange hat er die Nebenwirkungen seines Erfolges ignoriert; doch vor Damaskus war er gezwungen, das ganze Bild - „the whole picture"[524] zu betrachten. Das ergab für Paulus den berühmten „Unterschied, der einen Unterschied ausmacht[525]": der Versuch, ein pharisäischer Jude zu sein - so vertraut, berechtigt und legitim ihm dies auch erschienen ist -, hat zu nichts geführt. Er erklärt sich als gescheitert. Er hat diesen Lebensentwurf aufgegeben – und erst das machte ihn zu einem selbstermächtigen Apostel. Zeitlebens umstritten. Paulus ist vor Damaskus buchstäblich „aus der Bahn geworfen" worden[526] und konnte deshalb von außen auf sich und seinen Lebensentwurf schauen. Damaskus wurde für ihn eine Meta-Position mit weitreichenden Implikationen. Und er lernte schnell: „Unterscheide stets das, was über ein Phänomen gesagt wird, von dem Phänomen, über das etwas gesagt

---

[524] Peter Senge; Bryan Smith, Nina Kruschwitz, Joe Laur & Sara Schley(Hrsg.); The Necessary Revolution: How Individuals and Organizations Are Working Together to Create a Sustainable World. 2008, S. 25.
[525] So Gregory Bateson; Ökologie des Geistes: Anthropologische, psychologische, biologische und epistemologische Perspektiven. 1983, S. 488 und 582.
Auch Fritz B. Simon Unterschiede, die Unterschiede machen. Klinische Epistemologie: Grundlage einer systemischen Psychiatrie und Psychosomatik. 1993.
[526] Die Kunstgeschichte ist voll bestückt mit Bildern zu diesem Widerfahrnis.

wird!"[527] Seitdem war ihm nichts wirklich wichtig, außer Jesus dem Gekreuzigten: „Denn ich kam zu der Überzeugung, dass bei euch nichts so wichtig sei wie der Messias Jesus, und der als Gekreuzigter."[528] Jesus als der gekreuzigte Messias war nicht nur eine Folter zum Tod; es war auch genau der Punkt, an dem Gott das Religiöse verlassen hat. „Gott verlässt das Religiöse in eben dem Moment, als Christus stirbt"[529]. Dieser Tod verlangte eine Antwort. Christliche Theologie beginnt damit, dass sie den Kreuzestod Jesu deutet – ohne Deutungsmonopol. Mit Paulus vor Damaskus begann - in unserer Terminologie 2000 Jahre später - die „Religion des Austritts aus der Religion"[530]. In Paulus sehe ich einen entscheidenden „Fortschritt auf dem Wege zum Austritt aus der Religion"[531]. Nietzsche, der Pauluskenner, hat das sehr genau beobachtet: „Jener ‚Gott‘, den Paulus sich erfand"[532] – und dann schreibt er weiter: „Nochmals erinnere ich an das unschätzbare Wort des Paulus: ‚Was schwach ist vor der Welt, was töricht ist vor der Welt, das Unedle und Verachtete vor der Welt hat Gott erwählet‘: das war die Formel, ... - Gott am Kreuze – versteht man immer noch die furchtbare Hintergedanklichkeit dieses Symbols nicht? – Alles was leidet, alles was am Kreuze hängt, ist göttlich ... Wir alle hängen am Kreuz, folglich sind wir göttlich ...Wir allein sind göttlich..."[533] Nach Nietzsche hat Paulus damit ein neues Gottesverständnis initiiert. Aber: „In Formel: deus, qualem Paulus creavit, dei

---

[527] So lautet das zweite der 10 Gebote des systemischen Denkens. In: Frist B. Simon; Einführung in Systemtheorie und Konstruktivismus Heidelberg (Carl-Auer Verlag) 2008, S. 113.
[528] 1 Kor 2, 2 (BigS).
[529] Thielry de Duve; Auf, ihr Menschen, noch eine Anstrengung, wenn ihr post-christlich sein wollt!, S. 51.
[530] Ebd., S. 10.
[531] Ebd., S. 29.
[532] F. Nietzsche; Werke III Der Antichrist 47, S. 658.
[533] F. Nietzsche; Werke III Der Antichrist 51, S. 663.

negatio."[534] Der Gott, den Paulus schuf, ist nach Nietzsche die Negation jeglicher metaphysischer Gottesgedanken. In einem nachgelassenen Fragment aus dem Sommer 1886 bis Herbst 1887 präzisiert er seine Haltung: „Im Grunder ist ja nur der moralische Gott überwunden."[535] Und wie ich ergänzen möchte: Und nicht der kommende Gott. Das heißt mit Nietzsches eigenen Worten: Gott wird mit dieser Überlegung nach dem Tod Gottes neu denkbar „als das Jenseits, das Oberhalb der erbärmlichen Eckensteher-Moral von ‚Gut und Böse'"[536]. Seitdem gilt, was Edmond Jabès aphoristisch knapp formuliert hat: „Alle Gesichter sind das SEine, deswegen hat ER kein Gesicht."[537] Im theologischen Sprachspiel inhaltlich gesprochen - das ist wie: „A religion without religion"[538]. Das ist von uns noch lange nicht begriffen worden. Und konnte seine Bedeutung für uns noch nicht wirklich entfalten. Schon der Liederdichter Johann Rist (1607 - 1667) hatte hier ursprünglich gut paulinisch/lutherisch formuliert: „O grosse Noth! Gott selbst ligt todt, am Kreutz' ist Er gestorben."[539] Religion, wie wir sie kennen, – und das ist die disruptive Intuition des Paulus vor Damaskus - hat sich erübrigt „aus dem einfachen Grund, weil es keine ‚Religion' und keine ‚Religionen' gibt, sondern nur mißverstandene spirituelle Übungssysteme, ob diese nun in Kollektiven –

---

[534] F. Nietzsche; Werke III Der Antichrist 47, S. 658. Translated; "God, created by Paul, is it's negation".

[535] F. Nietzsche; Nachlass 1886/87 (Lenzer-Heide-Notat), 5[71]7, KSA 12, NF, S. 213. Und Quelle: http://www.thenietzschechannel.com/notebooks/german/nache/nache5.htm

[536] F. Nietzsche; Nachlass 1886/87 10 [203], KSA 12 ‚NF, S. 581.

[537] Edmond Jabès; Das Buch der Fragen, S. 82.

[538] John D. Caputo; On religion, S. 132-141.

[539] Johann RISTEN (RIST); Himmlische Lieder. Mit sehr lieblichen und anmuthigen von dem fürtrefflichen und weitberühmten H. Johann Schop wohlgesetzeten Melodeien (Lüneburg 1658) , S. 44; vgl. Martin LUTHER, Werke, Weimarer Ausgabe, Bd. 50 (Weimar1914) 589 und Georg Wilhelm Friedrich HEGEL, Gesammelte Werke, Bd. 9 (Hamburg1980) 520f.

herkömmlich: Kirche, Ordo, Umma, sangha – praktiziert werden oder in personalisierten Ausführungen – im Wechselspiel mit dem ‚eigenen Gott', bei dem sich die Bürger der Moderne privat versichern. Damit wird die leidige Unterscheidung zwischen ‚wahrer Religion' und Aberglauben gegenstandslos. Es gibt nur mehr oder weniger ausbreitungswürdige Übungssysteme. Auch der falsche Gegensatz zwischen den Gläubigen und Ungläubigen entfällt und wird durch die Unterscheidung zwischen Praktizierenden und Ungeübten bzw. anders Übenden ersetzt."[540] Das paulinische Wort von der Kreuzigung, dem gekreuzigten Messias, war das Ende herkömmlicher Religion und der Beginn von etwas gänzlich Neuem. Das konnte Paulus nicht ahnen oder voraussehen. Er war ein Apokalyptiker. Und sein Sprechen war mythisch. Aber er hat eine Tür geöffnet: „Nicht um eine Orthodoxie muß es uns gehen, sondern um eine umfassende und mitfühlende Anerkennung des Ideensturmes, in dem wir alle leben und in dem wir, so gut wir können, unsere Nester bauen, eine spirituelle Heimat finden müssen."[541] Paulus hat als sein spirituelles Nest ein soziales Netzwerk mit aufgebaut. Er war darin ein Knotenpunkt.

Von Paulus als einem Knotenpunkt in einem antiken Netzwerk von Messiasgläubigen aus den von Rom unterdrückten Völkern geht eine Linie über Hegel bis ins moderne systemische Denken unserer Tage.

3. Gerechtigkeit über den Tod hinaus

Paulus, der Eiferer, hatte es (immer schon) recht eilig. Sein apokalyptischer Blick auf die Welt – jedenfalls in der noch verbleibenden knappen Zeit – folgt einer beängstigenden und sich

---

[540] Peter Sloterdijk; Du mußt dein Leben ändern, S. 12.
[541] G. Bateson & M C. Bateson; Wo Engel zögern. Unterwegs zu einer Epistemologie des Heiligen, S. 253.

zunehmend verengenden „Flaschenhalslogik"[542]. Dass die Zeit - nach der paulinischen Metapher[543] von 1 Kor 7, 29 - wie ein Segel gerefft wird, ist eine kontra-faktische und vehement auftrumphende „Wirklichkeitsunterstellung"[544]. Mit ihr müssen wir erst einmal zurechtkommen. Jenseits des theologischen Geschwätzes von Gott als Liebe, hält die Apokalyptik des Paulus den Wunsch nach Gerechtigkeit aufrecht. Paulus schreibt von „der Gerechtigkeit Gottes"/ „δικαιοσύνη (τοῦ) θεοῦ"[545]. „°Gott hat ihn, der keinerlei °Sünde getan hatte, an unserer Stelle zu einem °sündigen Menschen gemacht, damit wir Gottes °Gerechtigkeit verkörpern, in eins mit Jesus.."[546] Für Paulus ist klar, dass Gott selbst der Gerechte ist und im Rahmen seines Bundesverhaltens auch zu dieser Gerechtigkeit steht. Das nennen wir heute eine Option. Einen unbegründbaren Möglichkeitsraum. Damit kann man nicht planerisch rechnen. Das Umsonst des Todes Jesu ist der Spalt, der uns einen Blick freigibt. Der uns hoffen lässt. Der uns einen kontra-faktischen Grund zum Hoffen lässt, - mit dem Vorbehalt: „wenn wir denn hoffen dürften"[547].

Worauf will Paulus mit der „Mythologie" in seinen Briefen hinaus?

„O grosse Noth! Gott selbst ligt todt, am Kreutz' ist Er gestorben."[548] Welcher Gott ist da gestorben? Vorsicht! Die mythische Sprache vom Tod Gottes ist zu übersetzen. „Es ist eine Option

---

[542] P. Sloterdijk; Den Himmel zum Sprechen bringen, S. 292.

[543] „ὁ καιρὸς συνεσταλμένος ἐστίν" (NA 28)

[544] Ingolf U. Dalferth; Gedeutete Gegenwart, S. 118.

[545] zwölfmal bei Paulus im 2. Korintherbrief, im Römer-und im Philipperbrief: 2Kor 5,21; 2Kor 9,9; Gal 2,16; Röm 1,16f; Röm 3,5; Röm 3,21–26; Röm 10,3; Phil 3,9;

[546] 2 Kor 5, 21.

[547] Vgl. den Buchtitel von: Friedrich-Wilhelm Marquardt; Was dürfen wir hoffen, wenn wir hoffen dürften? 3 Bände.

[548] Johann RISTEN (RIST) in: Anm. 540.

des Christentums, die die Welt in der Schwäche ihrer defekten Fülle annimmt, um aus dieser Schwäche heraus die Kraft für eine Umgestaltung der Welt zu gewinnen, an deren Ende Gott alles in allem sein kann."[549] Und genau darum geht es heute global. Eine Hoffnung haben, die uns ins Tun bringt. Ein das Faktische – kontrafaktisch - öffnendes Narrativ. Das intendiert die Apokalyptik des Paulus. Noch sei Zeit. Aber nicht lange. Da hat er sich getäuscht. Die Hoffnung auf eine noch ausstehende Gerechtigkeit für die Opfer und Leidtragenden der Geschichte und unseres gegenwärtigen Tuns ist uns geblieben. Noch hoffe ich auf einen „kommenden Gott". Der Gott des Paulus ist ein nicht vorstellbarer und nicht wissbarer geschweige denn begreifbarer „Gott, der kommt"[550].

---

[549] Uwe Jochum; Die Sendung des Paulus. Politik der Umkehr, S. 154.
[550] Jaques Pohier; Wenn ich Gott sage, S. 81.

7. Zusammenfassender Ausblick

Religion hat sich im Laufe der Evolution des Menschen als ein sinnstiftendes und orientierendes Verhalten herausgebildet. Religion ist insofern ein Produkt der Evolution. Was hat das mit dem apokalyptischen Sprechen[551] des Paulus in seinen Briefen zu tun?

Die Briefe des Paulus sind Krisenrhetorik in Zeiten größter existentieller Bedrängnis und lebensbedrohlichem Stress. Seine „mythologischen Ungeheuerlichkeiten"[552] spiegeln sein Krisenmanagement. Paulus als Apostel ist der Versuch von Krisenbewältigung im Kontext seiner Zeit, die er – kontrafaktisch zur Pax Romana – als messianische Zeit entwirft. Die mythologischen Bilder wollen in der noch verbleibenden Zeit orientieren, ermutigen und trösten. Wir haben mit seinen Briefen einen Einblick in das persönliche Navigationssystem des Paulus. So hat er funktioniert. Die Briefe sind sein „Navi" in Aktion. Die Briefe lesend erleben wir Paulus beim Navigieren.

In Krisen nimmt Religion die Gestalt von Apokalyptik an. Paulus – das ist Krisenmanagement mit der surrealen Bilder-Welt apokalyptischen Denkens im Vertrauen auf einen kommenden Gott, der hoffentlich (auch) im Kommen begriffen ist.

Ich vertraue darauf, dass Imre Kertész's Frage eine Gerechtigkeit und Trost schaffende Antwort erhalten wird:

„Wenn ,Gott tot ist, wer lacht dann am Ende?"[553]

---

[551] Die frühjüdische Apokalyptik ist der weltanschauliche Kontext des Paulus. Vgl. M. Theobald; Der Römerbrief, S. 121.

[552] So Martin Hengel; Paulus und die frühjüdische Apokalyptik. In: ders.; Paulus und Jakobus. Kleine Schriften III, S. 364.

[553] Imre Kertész; Galeerentagebuch, S. 33.